KB103502

김영란의 책 읽기의 쓸모

공부의 시대

김영란의 책 읽기의 쓸모

창비

책머리에

공부에 대해서 말해달라는 요청을 창비 측으로부터 받았을 때 무엇을 말해야 할지 잘 떠오르지 않았습니다. 법률가가 되는 데 필요한 공부를 말해야 하는지, 그동안 살아오면서 겪은 많은 인생 공부에 대해 말해야 하는지, 저의 거의 유일한 도락(道樂)인 제 전공과 무관한 책 읽기에 대해 말해야 하는지 고민해야 했지요.

공부는 두가지로 나뉠 것 같습니다. 그 하나는 자신의 직업이나 하고 있는 일(또는 하고자 하는 일)에 직접 도움이 되는 것이지요. 다른 하나는 자신이 하고 있는 일과 무관하지만 자신의 삶을 성숙시켜주는 공부입니다.

자신의 직업적 성공을 위해서 하는 공부 방법에 대한

강의는 저로서는 별로 의미가 없다는 생각이 들었습니다. 각종 직군별로 필요한 공부법이 이미 많이 나와 있기도 하고, 그런 공부법에 대한 도사들은 따로 있을 테고, 또 누구든지 필요에 내몰리면 자신의 능력을 발휘할 고유한 방법을 찾을 수 있을 것이기 때문이지요.

자신의 삶을 성숙하게 하는 공부 또한 나름대로의 방식을 찾아가야 하겠지요. 그러나 뚜렷한 목표가 보이는 공부가 아니므로 아무리 공부 도사들의 강의를 들어도 방법도 방향 설정도 막연하기가 십상이지요. 그런 생각 끝에 저 자신의 삶을 풍요롭게 한 공부는 무엇인지 이 기회에 생각해보기도 했습니다.

삶을 풍요롭게 한다는 의미에서의 공부의 진수를 보여준 사람은 막심 고리끼(Maksim Gor'kii)입니다. 『유년 시대』『사람들 속에서』에 이어지는 그의 자전적 소설 3부작의 마지막 작품인 『나의 대학』에는 대학을 갈 수 있다는 이웃의 말만 듣고 까잔이라는 도시로 온 고리끼가 만난 여러 사람들의 이야기가 담겨 있습니다. 까잔 대학 대신

'인생 대학'에서 공부한 거였지요. 제가 읽은 어느 책보다 다채로운 이야기가 펼쳐지는 책이었습니다.

그러나 제가 다닌 인생 대학은 아무래도 고리끼가 다닌 대학보다는 못했던 것 같습니다. 법정(法廷)이라는 캠퍼스를 가진 대학을 졸업했으나 고리끼만큼 배움을 얻지는 못했으니까요. 제가 고리끼만큼 뛰어난 학생이 아니었던 것이 더 문제였지요. 제 앞에 둘러진 법대(法臺)라는 담장을 무너뜨리지 못했던 것입니다. 인생 대학에서의 만남을 제 속에 녹이고 다른 사람들에게 전달할 만큼 사람들과 부딪치면서 살지 못했습니다.

이런저런 생각 끝에 제가 삶 속에서 거의 유일하게 계속해온 것은 책 읽기뿐이니 그에 대해서 말하는 것이 옳겠다고 결론지었습니다. 그것도 직업적 성공을 위한 책 읽기가 아닌 직업과 무관한 책 읽기입니다. 그것이 제 삶을 풍요롭게 하기 위한 유일한 투자였으니까요.

이런 책을 내보겠다고 생각한 적은 한번도 없었으므로 창비라는 마당이 없었으면 애당초 태어나지 않았을 책입니다. 그러나 강연을 하고 강연 원고를 정리하면서 오로지 책 읽는 즐거움이라는 쓸모 외에는 아무런 쓸모가 없는 책 읽기였을지라도 어느 순간부터는 제 삶의 많은 부분을 구성하는 요소가 되었음을 새삼 깨달았습니다.

제가 읽어온 책들을 마구잡이로 나열하는 게 무슨 의미가 있나 계속 회의했습니다. 저의 책 읽기 경험이 다른 분들에게 큰 도움이 되지도 않을 것입니다. 그다지 보편적이지도 않고 교훈적이지도 않기 때문입니다. 어쩐지 저의 속내를 내보이는 것 같아서 민망스러운 점도 있습니다. 그 모든 거리낌에도 불구하고 난삽한 이야기를 다듬어서 책으로 내놓게 되었습니다. 그저 '한 사람'인 제가 우연한 기회를 만나 책이라는 도구를 사용하여 제 삶을 이야기하고 있는 것이라고 가볍게 생각해주시길 바랄 뿐입니다.

그러나 어느 독자분이든지 이 책을 읽고 조금이나마 제게 동감해주시고 그분이 다니시는 인생 대학의 한 커리큘럼으로 이 책이 하는 이야기를 받아들여주신다면 이 책의 쓸모는 말할 것도 없고 그동안 제가 해온 책 읽기가 쓸모없는 책 읽기였다고 더이상 말할 수는 없게 될 것입니다.

2016년 6월

김영란

차례

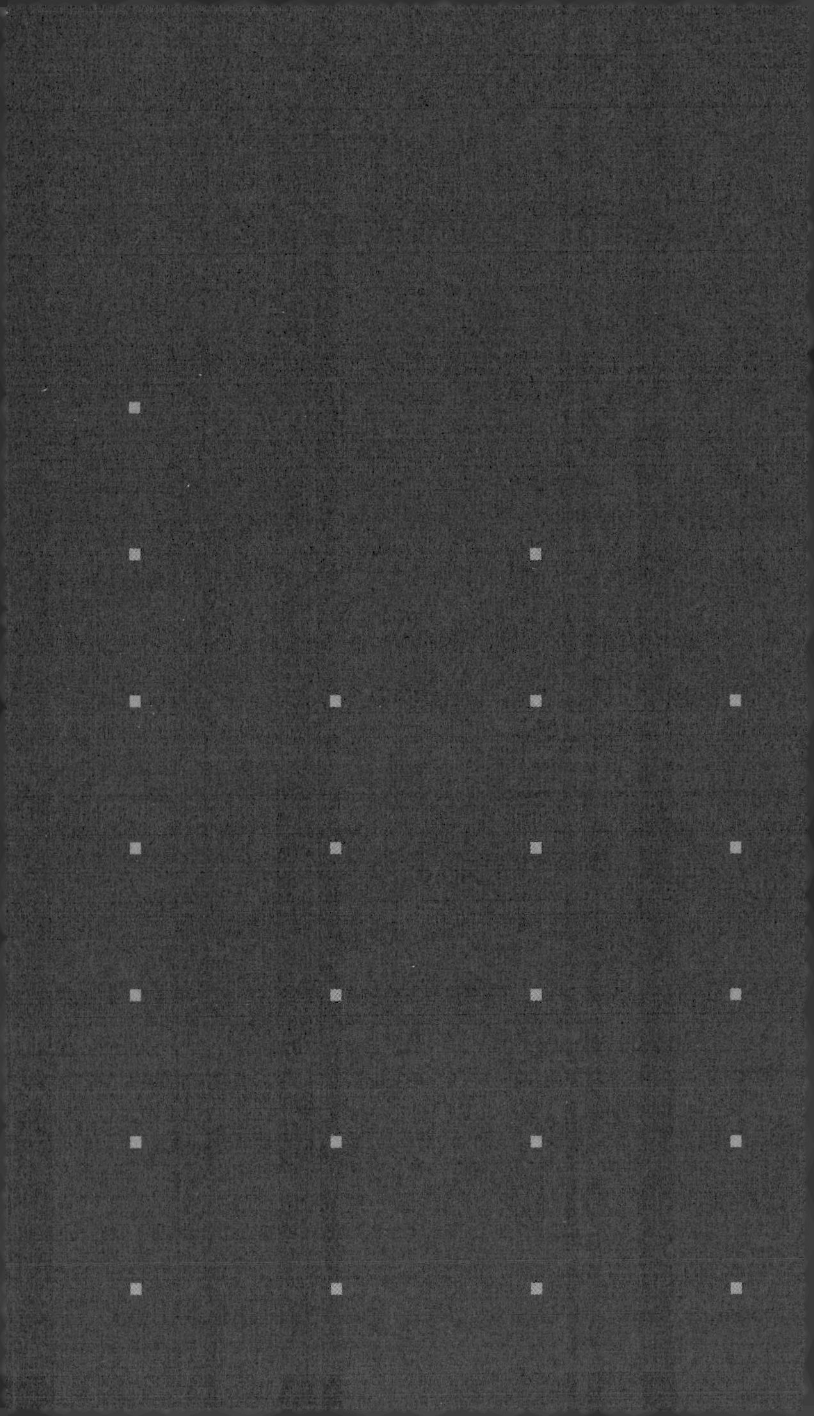

김영란의
책 읽기의 쓸모

토니오 크뢰거
트리스탄

쓸모있는 공부,
쓸모없는 공부

오늘 강연의 주제가 '공부의 시대'라고 해서 그 뜻이 무엇일까 한번 생각해봤습니다. 지금이 공부가 필요한 시대라는 걸까, 왜 이렇게 다들 공부를 하시려고 할까……

많은 사람들이 공부는 필요해서 하는 것이라고 생각합니다. 『지적 대화를 위한 넓고 얕은 지식』 같은 책이 팔리는 걸 보면 많은 사람들이 공부가 필요한 시대라고 느끼는 것 같습니다. 필요한 지식을 얻기 위해 사람들은 책을 읽고, 강의를 듣습니다.

'필요하다'는 것은 달리 말해 어딘가에 쓸모가 있다는 말이겠지요. 그런데 '쓸모가 있다' '쓸모가 없다'는 말은 무슨 말일까요. 말장난 같지만, 쓸모가 있다고 할 때 중요한 것은 어디에 쓸모가 있느냐입니다. 그래서 공부가 쓸모가 있다고 하려면 공부로 얻은 지식을 어디에 쓸 것인가가 중요한 것이겠지요. 여러분은 어디에 쓸 지식을 얻기 위해 이 강연을 들으시는 건지 궁금하네요.

저는 지금 주로 제가 읽어온 책 이야기를 하려고 합니다. 흔히 책 읽기라는 건 지식을 얻기 위한 것이라고 생각하지요. 하지만 지식을 얻기 위한 책 읽기가 있고 지식과 상관없는 책 읽기가 있을 텐데, 생각해보면 저는 주로 지식과 상관없는 책 읽기를 해왔습니다. 그래서 공부라는 오늘 강연의 주제에 대해 생각하면서 저는 왜 지식과 상관없는 책 읽기를 해왔는지, 그것이 제게 무슨 쓸모가 있었는지 생각해보게 되었습니다. 그래서 그 이야기를 해보려고 합니다.

저는 사실 법률에 관한 강연 말고는 강연 요청에 대부분 응하지 않고 있고, 법률에 관한 강연도 대중강연은 거의 하지 않고 로스쿨 학생들이나 대학생들을 대상으로만 주로 해왔습니다. 그리고 제 개인적인 얘기는 거의 하지 않았는데, 제가 어떤 공부를 해왔는지, 어떤 책을 읽어왔는지 이야기하려니 참 어렵습니다.

저는 경력이 무척 단순합니다. 대학을 졸업하자마자 사법연수원에 들어가서 이년 교육을 마치고 바로 판사가 되었고 그후 이십구년을 판사로 일했습니다. 그동안 다른 직업을 가져본 적도 전혀 없고 법의 세계에서만 수십년을 살았습니다. 2010년 8월에 대법원에서 퇴임한 후 딱 넉달 쉬고 다음해 1월에 국민권익위원장으로 갔습니다. 거기서도 우리나라의 부패를 근절하려면 법을 통하는 방법밖에 없겠다고 생각해서 부패 방지를 위한 법안을 만들어보았는데, 그것이 저도 상상하지 못한 사회적 반향을 불러일으켰습니다. 저를 한국 최초로 여성으로서 대법관이 된 사람으로 기억하기보다 '김영란 법'으로 기억하는 사람이 훨씬 더 많을 정도니까요. 결과적으로 국민권익위원장 일도 법률적인 업무였던 셈입니다. 그렇게 법을 다루는 일을 해왔고 책도 법에 관한 책만 최근에 두권 썼습니다.

그런데 생각해보면 저는 정말 전공에 쓸모가 없는 공

부만 해왔습니다. 법률책 말고 다른 책만 늘 읽고 있다고 농담으로 말할 정도로요. 삼십년간 법을 다루는 직업에 종사하면서 제가 읽은 책을 제 직업에 써먹은 적이 거의 없습니다. 그렇다면 제가 해온 공부는 제 직업과 제 전공에는 쓸모없는 공부라고 할 수 있겠습니다. 인풋은 있는데 아웃풋은 하나도 안 되는 공부를 해온 셈이지요.

특히 저는 문학 관련 책을 많이 읽는데, 사실 법률가에게는 그 책을 써먹을 일이 전혀 없습니다. 판결문에 시를 인용할 필요가 없으니까요. 판결문에 소설의 한 구절을 인용하면 참 멋있을 텐데 우리 법원에서는 판결문을 그렇게 쓰지는 않지요. 그래서 저도 항상 궁금했습니다. 내가 왜 이렇게 쓸데도 없는 독서를 계속하는지.

생각해보면 슬픈 일이 있어도 책을 읽으면 다 잊어버리고 없었던 일이 되는 적이 많았습니다. 제게는 독서가 일종의 카타르시스, 즉 현실을 잊게 해주는 효과가 있었던 것이지요. 책을 읽으면서 힘든 일을 잊어버린다는 것만 해도 굉장한 쓸모이긴 합니다. 또 최근에 와서 생각해보니 그 쓸모없는 책들을 제가 법률에 관한 책을 쓰는 데 써먹었더군요. 제가 읽어온 책들을 제 책에 많이 인용했거든요. 드디어 책에 투자한 시간과 돈을 조금이나마 회수했다고나 할까요.

그렇게 보면 전공이나 직업과는 상관없는 공부라도 어딘가 쓸모가 있을 수 있다는 생각이 들기도 합니다. 그래서 지금까지 제가 살아오면서 읽어온 책들을 통해서 '써먹지 않는 독서의 쓸모'를 찾아보려는 것이 오늘 제 이야기의 목표이기도 합니다.

이야기가 지닌 힘

저는 책 중독, 활자 중독에 가깝습니다. 집에 있는 활자란 활자는 다 읽어야 직성이 풀리고, 어떤 책도 한번이라도 훑어보지 않고는 버리는 일이 없습니다. 요즘은 책이 너무 많아져서 다 훑어보지는 못하지만 한동안은 그랬습니다.

특히 여행을 갈 때면 책을 무척 신중하게 고릅니다. 짐도 싸기 전부터 어떤 책을 가지고 갈 것인지, 그 책이 3박 4일짜리 여행에 적합한 책인지 1박 2일짜리 여행에 적합한 책인지 고민합니다. 가지고 간 책을 여행 도중에 다 읽어버리면 금단증상이 나타나니까요. 모든 중독에는 금단증상이 있듯이, 책 중독도 마찬가지지요. 그래도 다른 중독에 비해서 돈이 덜 드는 중독이라고 농담처럼 얘기하곤 합니다.

여행 갈 때 비행기 안에서 그동안 못 읽었던 가장 어려운 책을 골라 읽습니다. 반면 집중할 수 있는 시간을 내기 힘든 평소에, 일을 하던 도중에는 비교적 가벼운 책을 읽습니다. 저는 대가족으로 살아온 기간이 긴 탓에 가사노동을 제법 해온 편이어서 차분히 앉아서 책을 읽을 시간을 확보하기가 어려웠습니다. 그래서 생긴 버릇이 책을 여기저기 놓아두고 읽는 것이었지요. 부엌에도 책이 있고 화장실에도 책이 있고 방에도 책이 있습니다. 서재가 따로 없지요. 서재에 들어박혀 있을 여유가 없이 늘 개방된 공간에 머물러 있어야 하는 주부의 특징 때문이지요.

그렇게 오랫동안 책에 중독되어 있다보니 시력에도 지장이 없지 않아서, 오른쪽 눈이 아주 나빠졌습니다. 지금도 계속 치료를 받으면서 조금이라도 시력을 유지하려고 애쓰고 있습니다. 아르헨띠나 작가 호르헤 루이스 보르헤스는 말년에는 눈이 거의 안 보였다고 하죠. 그런데도 옛날에 읽었던 책들을 다 기억해서 집필활동을 했다고 합니다. 물론 옆에서 책을 읽어주기도 하고 받아써주기도 했겠지만요. 놀라운 사람입니다.

저는 책을 읽으면서 정리도 잘 해두지 않습니다. 간혹 연필로 줄만 쳐놓는 정도이지요. 책을 정리해서 이해하기보다 책을 읽는 그 순간을 즐긴다고나 할까요. 그런데 읽은 책은 점점 많아지는 데 비해서 기억력은 점점 나빠지니까, 책을 읽고 나서 드는 느낌을 완성된 문장으로 써보는 일이 필요하다는 생각이 들어서 한동안은 독서 노트에 몇줄 정도로 감상을 써두기도 했습니다. 하지만 얼마 가지 못했죠. 요즘은 책을 읽다 나중에 도움이 될 것 같은 내용이 있으면 책 앞머리의 빈 공간에 페이지를 적어놓기도 하고, 가끔은 컴퓨터에 정리해놓는 일도 합니다. 모든 책을 다 그렇게 하는 것은 아니고, 내용이 복잡하거나 다음에 다시 찾아볼 것 같은 책만 그렇게라도 정리해두는 거지요. 나머지는 다 잊어버립니다. 그러니까 정말 쓸모없는 책 읽기인 거지요.

제가 왜 이렇게 쓸모없는 책 읽기에 중독이라고 할 만큼 깊이 빠지게 되었는지 되짚어보자면 어렸을 때 읽은 책을 이야기하지 않을 수 없습니다. 어렸을 때부터의 독서 경험이 지금의 저를 만든 것이기도 하니까요.

제가 처음 읽은 책은 주로 동화책입니다. 우리 집에는 전집이 없었지만 동화 전집을 갖춘 친구 집이 있었거든요. 저는 1956년생이라 1960년대에 초등학교를 다녔는데, 그때는 책이라는 게 참 귀한 시대였습니다. 도서관도 귀해서 학교 도서관 이외에는 가본 기억이 별로 없는데, 학교 도서관에도 책이 별로 없었습니다. 그래서 친구네 집에만 가면 그 집에 무슨 책이 꽂혀 있는지 먼저 봤습니다. 다른 애들은 다 모여서 노는데 저는 책 있는 방에 가서 노는 걸 다 잊어버리고 책을 읽었지요. 그때 가장 부러웠던 것이 동화책 전집을 갖추고 있는 집이었습니다. 그래서 그 집에 자주 놀러 가서 책을 읽느라고 집에 늦게 돌아오는 바람에 부모님께 종종 혼나기도 했지요.

저뿐만이 아니라 누구나 처음으로 접하는 책은 대개 동화책입니다. 부모님들이 동화책을 많이 읽어주니까요. 제 아이들도 그렇게 키웠습니다. 요즘은 동화책 중에서도 역사나 자연과학 같은 지식을 녹여내서 쓴 책들이 많은데, 그것도 사실은 이야기를 읽어주는 거지요. 줄거리가 있는 이야기를 먼저 읽어주고, 지식과 정보가 담긴 책은 나중에 읽힙니다. 그런데 아이들에게 왜 동화책을 읽어줄까요? 왜 처음부터 곧장 지식을 가르쳐주지 않고 줄거리가 있는 이야기를 읽히는 걸까요?

이야기는 상상력을 자극합니다. 크리스마스 때 왜 굳이 싼타클로스 복장을 하고 아이들에게 선물을 주는지 생각해보면 알 수 있죠. 싼타클로스가 실제로 없다는 사실을 아이들이 금방 알게 될 테지만, 그럼에도 싼타클로스에 대한 상상력을 키워주는 것입니다.

뇌를 구성하는 신경세포인 뉴런과 뉴런 사이를 연결하는 시냅스라는 것이 있습니다. 이 시냅스는 세살 때까지 가장 활발하게 발달하는데, 그 시냅스의 발달 정도가 그 사람이 머리가 좋은지 나쁜지를 결정한다고 합니다.

그런데 특정한 한가지 기능에 집중시키면 그 기능에 해당하는 시냅스만 활발하게 발달하고 다른 시냅스들은 사라진다고 합니다. 예를 들어 어렸을 때부터 운동을 집중해서 가르치면 다른 신경세포들끼리 얽혀 있던 시냅스는 사라지고 운동 기능에 맞는 부분의 시냅스만 강화가 된다는 거지요. 어린아이에게 너무 암기 위주의 지식만 공부시키거나 한가지 기능만 연습시키는 것보다 줄거리가 있는 다양한 이야기를 들려주고 여러가지 체험을 하게 해야 시냅스의 양이 증가해서 뇌의 기능이 강화된다는 것입니다.

우리나라 부모들이 지식 교육에 굉장히 열심이지요. 그래서 간혹 아이가 갓 태어난 때부터 한글을 열심히 가르치기도 하고, 어떤 부모는 아이가 태어나자마자 영어 테이프나 영어 비디오를 틀어놓고는 영어를 가르치기도 하지요. 그렇게 해서 일찍부터 글을 읽을 줄 아는 아이들이 있습니다. 그런데 그건 대부분 뜻은 모르고 글자만 읽는 것입니다. 마치 게임과도 같은 거죠. 글자를 읽는 규칙을 아는 것이지 그 글자의 뜻은 모르는 것입니다. 글은 추상의 세계인데, 추상화 능력이 없는 나이에 글자 읽기만 시키면 글자는 읽을 줄 알아도 그 뜻과 맥락은 알지 못하는 거지요.

상상력은 3세부터 생기지만 추상화 능력은 초등학교 2학년 무렵부터 발달한다고 합니다. 그런데도 아이가 이해할 수 있는 수준을 넘어서 글자를 읽게 하는 것은 아이를 문자 지옥에 가두는 것입니다. 시냅스도 자연히 그런 쪽으로만 발달하고 나머지는 사라지겠죠. 그래서 아이들의 두뇌가 제대로 성장하지 못한다고 합니다. 요즘은 머리 좋은 아이로 키우는 것이 많은 부모들의 목표 중 하나이죠. 아이의 두뇌를 발달시키기 위해서도 배 속에 있을 때부터 가나다라마바사를 가르치는 것보다 이야기를 들려주고 상상력을 키워주는 것이 훨씬 효과가 있다는 것입니다. 시냅스가 활발하게 발달하도록 하는 것이니까요. 아이의 환경이나 활동을 특정한 방향이나 범위로 제한해서는 안 되는 거지요.

이야기는 상상력을 자극할 뿐 아니라 세계의 구조를 반영하고 있기도 합니다. 이야기 속에 가족도 나오고 이웃도 나오고 동물도 나오고 산도 나오고 시냇물도 나오고 임금님도 나오고 왕자도 나오지요. 그래서 이야기를 들려준다는 것은 자신을 둘러싸고 있는 세계, 앞으로 자신이 살아갈 세계의 구조를 인식하고 이해하는 힘을 키워주는 것입니다. 그래서 특정한 지식을 가르치는 것보다 훨씬 더 튼튼한 기초를 놓아주는 것이죠.

글을 읽을 수 있지만 이해하지 못하는 아이, 지식을 쌓는 독서에만 집중한 아이는 세계를 구조적으로 파악하는 데 어려움을 겪을 수밖에 없습니다. 사춘기도 마찬가지고, 어른이 되어서도 지식을 쌓는 독서에만 집중하다보면 이 세계가 어떤 상태에 처해 있고 어떻게 움직여가는지를 구조적으로 파악하지 못하게 되겠지요. 우리나라 교육이 너무 암기 위주로 되어 있다는 지적을 많은 사람들이 하고 있지요. 그렇게 이미 알려진 지식을 익히는 데에만 치중하는 교육은 지능 발달뿐 아니라 우리가 사는 세계의 구조와 관련한 문제들을 인식하는 데에도 효과적일 수 없다는 생각을 합니다.

『작은 아씨들』

어렸을 때 읽었던 것은 좀처럼 지워지지 않고 우리 머릿속에 오랫동안 단단하게 자리잡습니다. 저도 어렸을 때 읽은 동화책에 대한 기억이 지금까지도 생생하게 남아 있습니다.

언젠가 미국 보스턴에 출장을 갔다가 월든 호수에 가본 적이 있습니다. 헨리 데이비드 소로우(Henry David Thoreau)가 『월든』을 쓴 곳으로 유명하지요. 저는 보스턴 하면 늘 가보고 싶었던 곳이 바로 월든 호수였습니다. 보스턴에서 차를 타고 한시간 정도 걸리는 곳입니다. 하버드 대학에서 비교법학을 가르치는 미국 판사님이 마침 그 동네에 살고 계셔서 우리 일행을 집으로 초대해주신 덕에

같이 가보게 되었지요.

월든 호수는 여름이면 동네 사람들이 와서 수영하고 물놀이하는 친숙한 곳이라고 합니다. 소로우가 살던 오두막집도 원래 위치에서 옮겨지기는 했지만 그대로 지어져 있습니다. 마을에는 소로우와 가깝게 지냈던 에머슨(Ralph Waldo Emerson)과 너새니얼 호손(Nathaniel Hawthorne)이 살던 집도 있습니다.

그런데 월든 호수와 마을을 이리저리 안내하시던 판사님께서 갑자기 『작은 아씨들』의 주인공들이 살던 집이 있는데 가보겠느냐고 하시는 게 아니겠어요. 어렸을 때 재미있게 읽은 책이어서 무척 반가웠습니다. 그래서 예정에 없이 그 집을 찾아가게 되었지요. 월든 호수 근처에 루이자 메이 올컷(Louisa May Alcott)이 자전적 소설인 『작은 아씨들』을 쓴 집이 그대로 보존되어 있었습니다. 올컷이 글을 쓰던 책상도, 여동생이 그린 그림과 조각 작품도 전시되어 있고요. 어머니와 딸들이 함께 만들었다는 퀼트 이불도 침대 위에 그대로 덮여 있었습니다. 소크라테스식 교육을 실천한 교육개혁자였던 올컷의 아버지가 늘 지니고 다녔다던 손때 묻은 조그마한 소크라테스 흉상도 전시해 놓았고, 아버지가 세운 학교 건물도 바로 옆에 있습니다.

안내 자원봉사를 하시는 할머니 한분이 우리 일행에게 해설을 해주시는데, 남자분인 그 판사님은 『작은 아씨들』을 읽은 적이 없어서 해설을 하나도 못 알아듣겠다고 하시는 거예요. 그런데 저는 영어도 못하는데 다 들리는 거예요. 어릴 때 읽은 동화책 내용이 생생하니까, 그 네 자매 이름도 다 들리고요. 그래서 판사님이 무척 신기해했습니다.

그러고 나서 판사님 댁에 가서 저녁을 먹는데, 알고 보니 일행 중에서 여자들은 모두 『작은 아씨들』을 읽었고 남자들은 한명도 읽은 사람이 없었습니다. 그래서 어쩌면 이렇게 인종과 국적을 불문하고 남자와 여자가 다를까 하고 웃은 적이 있습니다. 말하자면 어렸을 때 『작은 아씨들』을 읽은 여자와 읽지 않은 남자들이 이해하는 세계의 구조는 인종이나 국적과 상관없이 무척 다를 수밖에 없는

『작은 아씨들』의 배경인 오처드 하우스(Orchard House).

거지요.

그곳을 나오면서 올컷의 삶을 다룬 책을 한권 사서 돌아오는 비행기에서 읽었습니다. 올컷이 『작은 아씨들』에서 그린 것처럼 아름다운 언니, 동생들, 인자한 어머니, 아버지와 넉넉하지는 않으나 행복한 삶을 살았던 것만은 아니었음을 그 책을 읽고 알게 되었습니다.

최근에 번역되어 나온 『초월주의의 야생귀리』(문학동네 2014)에 실린 같은 제목의 단편이 자신의 아버지와 어머니의 이야기를 쓴 자전적인 작품입니다. 그 작품에서 에이블 램이라는 이름으로 등장하는 올컷의 아버지는 아내와 네 딸을 데리고 프루틀랜드라는 이름의 이상적인 공동체를 건설하고자 합니다. 그들의 운동을 올컷은 '초월주의의 야생귀리'라는 이름으로 부른 것이지요. 당시 유행하던 초월주의(transcendentalism)의 씨앗을 널리 뿌리려는 운동을 야생 귀리에 빗댄 표현입니다.

프루틀랜드의 푸르초월주의자들은 모든 노예노동과 동물 착취, 벌레 살육 등을 금지하고 순결한 식사, 심오한 대화, 건강한 노동, 영적 친교가 있는 삶을 꿈꾸었습니다. 그래서 고기뿐 아니라 설탕, 당밀, 우유, 버터, 치즈를 쓰지 않고 요리한 음식만을 먹고, 직접 목화를 길러서 옷을 만들어 입고, 동물성 재료를 사용한 등불도 켜지 않으며, 가축을 이용한 농사도 하지 않겠다고 결심합니다. 하지만 현실적으로 마땅한 대체물을 찾을 때까지는 어느정도 양보를 해가면서 공동체를 꾸려갈 수밖에 없었지요.

그러나 오랫동안 펜보다 무거운 것이라고는 잡아본 적 없는 이들의 운동은 실패로 돌아갈 수밖에 없었습니다. 낙담한 아버지는 침대에 누워 벽을 바라보며 죽음만을 기다리다 결국 가족들에 대한 사랑으로 일어섰지만, 그후의 모든 뒤치다꺼리는 어머니의 몫으로 돌아갔습니다. 현실적인 판단력과 능력을 갖춘 어머니의 활약으로 가족들은 에덴을 떠나 다시 세상으로 돌아옵니다.

실제로 올컷의 아버지는 이렇다 할 공식적인 교육을 받은 적이 없이 봇짐장수로 전국을 떠돌아다니며 독학으로 공부한 분이었지요. 그러다 보스턴에 정착하면서부터

초월주의자들과 친분을 맺어 그후로 진보적 지식인, 철학자, 교육자로 활동했습니다. 실험적인 학교를 설립하기도 했으나 결국 실패하고 말았고, 전국 각지로 강연 여행을 다니거나 저술활동을 했지만 별달리 가정경제에 보탬이 되는 일을 하지는 않았다고 합니다. 결국 가계를 꾸려가는 일은 늘 어머니의 몫이었고, 아버지의 빚은 『작은 아씨들』의 성공으로 올컷이 모두 갚기 전까지 가족들의 무거운 짐으로 남아 있었다고 합니다. 올컷이 가정소설, 아동소설, 멜로드라마 등 시장에서 잘 팔리는 글을 주로 쓴 것도 결국 가족들의 생계 때문이었다는 것입니다.

무려 백오십년 전에 한 여성이 이상주의자였으나 경제적으로 무능한 아버지를 대신해 생계에 보탬이 되기 위해서 쓴 가족 이야기가 아직까지도 전세계 소녀들의 심금을 울리고 있다니 커다란 아이러니라 하지 않을 수 없겠지요.

이분법 놀이의 시작:
『토니오 크뢰거』

저는 1남 4녀 가운데 셋째 딸입니다. 언니들은 어린 저는 떼놓은 채 둘이서만 열심히 동네를 돌아다니며 놀았고 저는 늘 혼자 집에 있는 편이었지요. 집에 있으면서 늘 책만 읽고 부모님한테 야단맞을 일도 하지 않는 잊혀진 딸이었습니다. 유일하게 야단맞는 것이 친구 집에 놀러 가서 안 온다는 거였어요. 우리 집에 있는 책은 더이상 읽을 게 없으니까 다른 친구 집에 가서 책을 보느라 늦게 왔다고 했잖아요. 그러다보니 집에 늦게 돌아올라치면 혼날 각오를 해야 했습니다. 그러면서도 항상 책에 빠져들면 중간에 덮고 일어나지를 못했던 거지요.

책이란 책은 어른 책 아이 책 가리지 않고 모조리 읽

었습니다. 예를 들어 초등학교 때 『선데이 서울』도 읽고 이광수의 『무정』도 읽었죠. 까뮈(Albert Camus)의 『이방인』도 초등학교 때 읽었습니다. 뜻을 모르고 글자만 읽은 거지만요. 앞에서 글자만 읽는 독서 이야기를 했는데 실은 저도 그랬던 겁니다.

사춘기 때도 마찬가지였습니다. 그때 읽었던 책을 요즘 다시 읽으면 예전에 읽었던 것과 전혀 다르게 읽힐 때가 많습니다. 그러니까 독서를 아무리 많이 한다고 해도 자기 수준에 맞지 않는 책을 읽는 건 좋은 일이 아닌 것 같습니다. 결국 자기가 이해할 수 있는 수준만큼만 이해하고 말 뿐이니까요. 특히 다른 놀거리가 많은 요즘 아이들에게 어려운 책을 억지로 읽히면 쉽사리 싫증을 내는 아이로 자랄 수도 있겠지요. 나중에는 책이라면 아예 십리 밖으로 도망가버리는 아이가 될 수도 있겠고요. 그래서 사실 제 아이들에게는 책을 읽으라고 다그친 적이 없습니다. 안 읽으면 안 읽는 대로 내버려두었더니 저처럼 지나치게 책을 좋아하지는 않고 적당히 좋아하는 사람으로 크더군요.

저는 키가 작은 편입니다. 날씬하지도 않지요. 그래서 어렸을 때는 제가 예쁘지 않다는 생각을 많이 했습니다. 또 딸이 많은 집이니까 언니들 옷을 다 물려받아 입었습니다. 그러니 예쁘게 꾸미는 것도 할 줄 몰랐지요. 운동도 너무 못했습니다. 고무줄 같은 놀이도 전혀 못해서, 왕따는 아니었지만 아이들이 끼워주지도 않았습니다. 앉아서 하는 공기놀이만 유일하게 할 줄 아는 놀이였지요. 남자 아이들에게 잘 보여야 한다거나 하는 생각도 해보지 못했지요. 당시에는 초등학교 고학년부터 중고등학교까지 남학생과 여학생이 반이나 학교를 달리했기 때문에 사춘기가 되도록 이성 문제에는 무심했던 기억이 납니다. 어쩌면 저만 무심했던 걸지도 모르지만요.

사춘기라는 게 그런 것 같습니다. 자기가 가지고 싶고 또 되고 싶지만 가능하지 않은 것이 있다는 걸 깨달아가는 시기인 거지요. 그래서 그런 내용을 다룬 책을 많이 읽게 되었나봅니다. 또는 웬만한 책은 모두 그런 식으로 받아들였던 거고요. 그때 많이 읽은 것이 카프카, 도스또옙스끼의 책이고 토마스 만이나 똘스또이도 읽었습니다.

카프카(Franz Kafka)의 『성』을 읽고는 그 성의 분위기나 들어갈 수 없는 성이라는 이미지가 무척 자극적으로 다가왔던 기억이 있습니다. 그렇게 사춘기에 딱 맞아떨어지는 부분만을 느낀 거지요. 도스또옙스끼(F. M. Dostoevskii)의 『죄와 벌』에서 라스꼴리니꼬프는 자기가 원하는 이상적인 사회가 있어서 그 이상을 구현하기 위한 것이라고 착각하면서 노파를 죽이잖아요. 그런 책을 읽으면서 저도 내가 원하는 것이 있다 하더라도 대부분 현실에서 구현이 가능한 것은 아니라는 깨달음을 얻는 식이었지요.

제 친구 중에 지금 대학에서 문학을 가르치는 친구가 있습니다. 중학교 때부터 글을 잘 쓰던 친구였는데, 집에 언니 오빠들이 많아서 책도 많았지요. 니체(F. W. Nietzsche)의 『자라투스트라는 이렇게 말했다』를 그 집에서 빌려 읽었던 기억이 납니다. 지금 생각하면 제가 얼마나 이해하면서 읽었을까 싶지만요.

중학교 때 『토니오 크뢰거』를 읽으면서 꼭 그 친구와 제 이야기 같다는 생각을 했습니다. 그 친구를 보면 무척 똑똑하고 아는 것도 많고 문학적인 표현도 탁월해서, 나는 아무리 해도 저렇게는 될 수 없겠다는 생각을 하곤 했거든요. 그런 생각이 중고등학교, 대학교 시절까지 이어져서, 늘 저보다 뛰어난 사람을 무리 중에서 찾아보고 '아무리 해도 저 사람보다는 안될 거야'라고 생각하면서 저 스스로 미리 한계를 그어두는 경우가 많았습니다.

독일 소설가 토마스 만(Thomas Mann)의 중편소설인 『토니오 크뢰거』는 예술가 소설이자 성장소설이라고 할 수 있습니다. 토마스 만이 어떤 환경에서 자라서 어떤 갈등을 겪으면서 소설가가 되었는지에 관한 이야기를 담은 아주 아름다운 소설입니다. 그의 초기 단편들은 사업가인 북독일 출신의 아버지와 예술적이고 감각적인 라틴계 어머니 사이에서 두가지 기질을 함께 지니고 태어나 분열과 갈등을 겪는 자신의 이야기를 많이 다루고 있는데, 『토니오 크뢰거』는 그런 모습을 가장 훌륭하게 그렸다고 할 수 있습니다.

소설의 화자이자 주인공인 토니오 크뢰거는 금발에 파란 눈을 가진 한스 한젠이라는 친구를 좋아합니다. 대상인의 아들인 한스 한젠은 우등생인데다 승마도 잘하고 체조도 잘하고 수영도 잘합니다. 토마스 만은 한스 한젠을 '건전한 평범성'을 가진 사람이자 '모든 세상사, 모든 세상 사람들과 진정으로 일체감을 느끼는 종족'이라고 설명합니다. 그래서 '그들은 정신을 필요로 하지 않는다'라고까지 합니다. 나쁜 의미로 하는 말은 아닙니다. 정신과 삶이 분리되지 않는, 삶과 자기가 일치되는 사람이라는 뜻이죠.

반면 토니오 크뢰거 자신은 갈색빛이 도는 피부에 검은 눈을 하고 있습니다. 영사의 아들로 나오는데 실제 토마스 만의 아버지가 곡물상이자 시의회 의원이기도 했지요. 토니오는 자기 안에 '유희적이고도 우울한 경이로운 창조력'이 꿈틀거리고 있음을 막연히 느낍니다. 그러면서도 한스 한젠처럼 자신이 동경하는 사람들은 글을 쓰거나 연극을 하거나 작곡을 하지 않고 그럴 필요도 없다고 생각합니다. 그런 것 따위는 전혀 아랑곳하지 않으면서 명랑하게 살아가고 있다는 것이지요.

그리고 잉게보르크 홀름이라는 소녀가 나옵니다. 한스와 마찬가지로 금발에 푸른 눈을 지녔으며 부유한 의사의 딸입니다. 토니오는 잉게보르크를 남몰래 좋아하지만 그녀가 한스 한젠과 같은 부류의 사람이라고 생각합니다.

어느날 춤을 배우다가 토니오가 실수로 여자 줄로 가서 잉게보르크와 짝을 이루는 바람에 대망신을 당하는 일이 일어납니다. 토니오는 휴식시간에 몰래 혼자 복도로 나와 혹시 그녀가 와서 자신을 위로해주지 않을까 헛된 기대를 합니다. 그러면서 자신과 그녀와의 거리를 뼈저리게 깨닫습니다.

토니오 크뢰거는 가슴이 고통스럽게 죄어들었다.

> (…) 자신이 동경하는 사람들은 그 창조력이 닿지 않는 대안(對岸)에서 그런 것 따윈 전혀 아랑곳하지 않고 명랑하게 살아가고 있음을 인식한다는 것은 매우 고통스러운 일이다.(『토니오 크뢰거·트리스탄·베니스에서의 죽음』, 민음사 1998, 32면)

토니오는 아름다운 사랑을 그린 슈토름(Theodor Storm)의 소설 「임멘호」를 읽지도 않고 "그런 작품을 쓰려는 시도를 결코 하지 않는 사람만이 너처럼 그렇게 아름답고 명랑할 수가 있는 것이다"(31면)라고 생각합니다. 나아가 언젠가 자신이 유명한 작가가 된다 하더라도 그것이 그녀에게는 아무런 감명도 주지 않을 것이며, 그렇다면 유명해지는 것도 다 소용이 없는 일이 아닌가 하고 자문합니다. "설령 내가 아홉개의 교향곡과 『의지와 표상으로서의 세계』와 「최후의 심판」을 순전히 혼자서 이룩해내었다손 치더라도, 너는 영원히 비웃을 권리가 있다"(102면)라고 생각하기까지 합니다.

건전하고 평범한 사람들을 동경하면서도 자신은 그런 세상에 적응하지 못하는 사람이고, 세상 밖에서 세상을 바라보는 사람이라고 생각하는 것이지요. 사춘기의 저는 토니오의 그런 생각에 완전히 꽂혔습니다. 저 역시 한스의 세계에 속하지 못하는 토니오와 같은 사람이라고 생각한 것이지요. 인간적인 행복을 부러워하면서도 나 자신은 인간적인 행복을 누리기 위해 태어난 사람이 아니라고 느끼는 것입니다.

그래서 저도 토니오처럼 세상 밖에서 세상을 바라보고 세상에 관한 글을 쓰고 싶다고 생각했습니다. 세상 밖에서 세상을 보려면 공부를 해야 하지요. 한스는 세상을 '보는' 사람이 아니라 세상을 '사는' 사람이지만, 나는 세상을 살아가지 못하니까 공부를 통해서 세상을 보아야 하는 것입니다. 그래서 글 쓰는 사람이 되기 위해 끝없이 공부를 해야겠다고 마음을 먹었습니다.

제게는 그런 생각이 책을 많이 읽기 시작한 중요한 계기가 되었습니다. 말씀드렸듯이 어렸을 때도 책을 많이

저도 토니오처럼 세상 밖에서 세상을 바라보고 세상에 관한 글을 쓰고 싶다고
생각했습니다. 그래서 끝없이 공부를 해야겠다고 마음을 먹었습니다.

읽는 편이었지만, 사춘기가 되어서도 어려운 책들을 어렵지 않다고 생각하고 읽어나가기 시작한 것이 그런 생각 때문이 아니었나 싶습니다. 만족할 줄 모르는 공부에 대한 갈망이 그때 생겨난 것이지요.

세상의 주인공은 왕자 같은 사람, 공주 같은 사람이 되는 것이고, 나는 세상의 주인공이 될 수 없으니 세상을 보는 사람이 되어야 한다는 것입니다. 동화책을 너무 많이 읽은 탓일지도 모르지요. 스스로 한스의 세계에 들어갈 수 없는 토니오와 같은 사람이라고 생각하고 성안의 세상을 지레 포기해버리는 것입니다.

그래서 그뒤로 사람들을 보면 항상 그가 토니오의 세계에 속한 사람인지 한스의 세계에 속한 사람인지 분류하는 것이 버릇이 되었습니다. 말하자면 일종의 '이분법 놀이'라고 할 수 있지요. 토니오 크뢰거와 한스 한젠, 세상 속에 들어가서 사는 사람과 세상 바깥에서 관찰하고 비판하는 사람이라는 이분법으로 사람을 분류하는 것입니다.

『토니오 크뢰거』에서는 이 두가지가 '시민'과 '예술

가'의 대립으로 나타납니다. 또는 고향과 타향, 북국과 남국, 삶과 예술, 도덕과 관능, 고루함과 아름다움, 편협함과 타락, 건실하지만 잔인한 삶과 섬세하지만 무력한 예술의 대립이라고도 할 수 있습니다.

다시 읽은 『토니오 크뢰거』

작년에 강연을 하기 위해서 『토니오 크뢰거』를 다시 읽어봤습니다. 그런데 어른이 되어서 읽은 『토니오 크뢰거』는 단순히 시민과 예술가의 이분법이 아니라 더 복합적인 주제를 다룬 작품으로 읽혔습니다.

『토니오 크뢰거』에서 훗날 소설가가 된 토니오는 어느 무도회에서 우연히 한스와 잉게보르크의 모습을 발견하고 깊은 감회에 젖습니다. 그리고 소설의 마지막에 리자베타라는 여자친구에게 편지를 씁니다. 토니오는 리자베타가 예전에 말했던 것처럼 자신은 '길 잃은 시민'이지만, 시민과 예술가 어느 쪽에도 안주하지 않고 '시민적 사랑'을 지닌 글을 쓰겠노라고 다짐합니다.

나로 하여금 모든 예술성 속에서, 모든 비상한 것과 모든 천재성 속에서 무엇인가 매우 모호한 것, 매우 불명예스러운 것, 매우 의심스러운 것을 알아차리도록 해주는 것은 바로 이 시민적 양심이며, 나라는 인간의 내부를 단순한 것, 진심인 것, 유쾌하고 정상적인 것, 비천재적인 것, 단정한 것에 대한 맹목적인 사랑으로 가득 채워주는 것도 바로 이 시민적 양심인 것입니다.

나는 두 세계 사이에 서 있습니다. 그래서 어느 세계에도 안주할 수 없습니다. (…) 만약 한 문사(文士)를 진정한 시인으로 만들 수 있는 그 무엇이 존재한다면, 그것은 인간적인 것, 생동하는 것, 일상적인 것에 대한 나의 이러한 시민적 사랑일 것이기 때문입니다.(106~107면)

그러니까 『토니오 크뢰거』는 한스와 토니오, 시민과

예술가의 세계를 이분법적으로 대비했다기보다 시민도 예술가도 아닌 이중의 이분법 속에서 자신을 형상화하려는 소설가로서의 욕구를 그린 예술가 소설인 것이지요.

또 요즘은 토니오가 한스를 사랑한 것이 동성애였다는 연구도 나와 있습니다. 유명한 『베니스에서의 죽음』이라는 토마스 만의 소설도 동성애를 형상화한 작품이라고 하지요. 실제로 토마스 만은 동성애자였는데, 살아 있는 동안에는 이를 밝히지 않았습니다. 그가 죽고 나서 일기가 공개되면서 비로소 세상에 알려졌지요.

예전에는 아무리 세계적인 작가라 해도 자신이 동성애자라는 사실을 밝힐 수가 없었을 것입니다. 토마스 만처럼 정치적인 논설도 많이 쓰면서 사회적으로 활발하게 활동한 작가가 토니오 크뢰거처럼 세상과 고립되고 단절된 인물의 이야기를 그린 것은 자신이 동성애자인 데서 비롯된 자기연민적 고립감 때문이라고 연구자들은 말합니다.

그러나 어찌 되었든 토마스 만의 『토니오 크뢰거』가

개인과 세계와의 간극을 다룬 소설이라는 점은 변함이 없습니다. 그런 토마스 만의 작품세계를 '아이러니'라는 말로 설명하기도 합니다. 보통 아이러니는 겉으로 드러나는 것과 실제 사실과의 괴리를 말하는 것이지요. 그것이 토마스 만에게서는 시민적 세계와 예술가의 세계 어느 쪽도 선택하지 않고 양쪽으로부터 거리를 두는 태도로 드러납니다. 이런 토마스 만의 아이러니를 '양방향에 걸친 아이러니'라고 평가하기도 합니다. 작가 본인과 작중 서술자 사이, 작중 서술자와 주인공 사이 양쪽에서 의도적으로 거리를 두었다는 것이지요.

유명한 그리스 비극의 아이러니는 '비극적 아이러니'라고 하죠. 등장인물은 모르고 관객과 작가만 알고 있는 사실이 있어서 등장인물이 그렇게 해서는 안 되는 행동을 하게 되는 것입니다. 『오이디푸스 왕』을 생각해보면, 오이디푸스가 스핑크스의 비밀을 풀고 결혼을 했는데 상대가 자기 어머니인지 어떻게 알 수 있겠어요. 죽인 사람이 자기 아버지인지도 알 수가 없고요. 그것이 그리스 비극의 아이러니입니다. 토마스 만의 아이러니는 그와는 조금 다르지만, 결국 개인과 세계와의 간극에 대한 인식을 드러낸다는 점에서는 비슷하다고 할 수 있겠습니다.

제 경우 또한 일종의 아이러니라고 할 수 있을지 어떨지 모르겠지만, 저는 오랫동안 판사 생활을 하면서도 판사라는 직업이 나와는 맞지 않는다는 생각을 계속해왔습니다. 제가 처음 판사가 된 게 1981년 3월이었으니까, 그때는 판사라는 직업이 지금보다 훨씬 드물고 사람들이 가까이 접하기 어려운 직업이었지요. 그러니 주변에 롤모델로 삼을 만한 분도 없었습니다. 그렇게 저에게조차도 낯선 판사라는 직업을 해나가면서 저는 늘 '이건 한스의 세계이고, 나는 여기 맞지 않아' 하고 생각했습니다. 그러면서도 '나는 토니오의 세계에 살고 있지만, 한스의 세계를 계속 관찰하고 있어야 해'라는 식으로 생각하면서 판사를 그만두지도 않은 거죠.

병 주고 약도 주는 것이었을까요? 책이 주는 영향력이 그렇게 강합니다. 자신의 삶에서 그런 책을 찾은 사람도 있고 아직 못 찾은 사람도 있겠지만, 저에게는 『토니오 크뢰거』가 그런 책이었던 것 같습니다. 제가 그 당시에 그 책을 제대로 이해하고 읽은 것은 아니라고 할지라도요.

이분법의 확장:
『흡혈귀의 비상』

얼마 전에 사망한 프랑스의 소설가 미셸 뚜르니에(Michel Tournier)의 『흡혈귀의 비상』이라는 책이 있습니다. 그는 원래 철학 교수를 하고 싶어했는데 자격시험에 실패한 후 소설가가 되었다고 합니다. 그래서인지 철학적인 소설을 많이 썼습니다. 『흡혈귀의 비상』은 그가 쓴 일종의 독서 노트인데, '흡혈귀의 비상'이라는 제목부터 무척 독특한 독서론을 담고 있습니다. 작가는 이렇게 말합니다.

> 한권의 책을 출판할 때 그는 익명의 남녀의 무리 속으로 종이로 만들어진 새떼를, 피에 굶주려 야윈 흡혈조들을 풀어놓는 것이다. 그 새들은 닥치는 대

로 독자를 찾아 흩어진다. 한권의 책이 독자를 덮치면, 그것은 곧 독자의 체온과 꿈들로 부푼다. 그것은 활짝 피어나고, 무르익어, 마침내 자기 자신이 된다. 그것은 작가의 의도들과 독자의 환상이 구별할 수 없게 뒤섞여 있는—어린아이의 얼굴에 아빠의 모습과 엄마의 모습이 섞여 있듯이—풍부한 상상의 세계이다.(『흡혈귀의 비상』, 현대문학 2002, 13면)

미셸 뚜르니에가 제가 즐겨 읽는 작가 중 하나여서 이 책도 읽게 되었는데, 읽다보니 그가 「앙드레 지드를 위한 다섯개의 열쇠」라는 글에서 저처럼 심한 이분법 놀이를 하고 있는 것을 발견하게 되었습니다. 사실은 앙드레 지드(André Gide) 자신이 이분법 놀이를 즐겼다는 것인데, 제가 말한 '이분법 놀이'라는 표현도 미셸 뚜르니에에게서 얻은 것입니다. 다만 그는 "'이분법'은 나무꾼의 도끼처럼 다루어져서는 안 되며, 그 반대로 겸손할 정도로 신중하게 다루어야 한다"(249면)고 단서를 달고 있기는 합니다.

그 글에서 미셸 뚜르니에는 여러가지 이분법을 이야기하는데, 그중에서 하나를 소개해볼까 합니다. 뚜르니에는 세상에는 자아주의자에 속하는 사람과 허구주의자에 속하는 사람이 있다고 합니다. 자아주의자는 겉으로는 다양한 이야기를 하는 것 같지만 자기 자신에 대해서밖에 이야기할 줄 모르는 사람으로, 뚜르니에는 몽떼뉴나 루쏘, 샤또브리앙 등을 예로 듭니다.

반대로 허구주의자의 글 속에서는 서로 다른 수많은 인물들이 북적대는데 그들 중 누구도 다른 인물들을 가려버릴 정도로 전면에 나서지는 않습니다. 발자끄, 위고, 뒤마, 졸라 등을 예로 듭니다. 빅또르 위고(Victor Hugo)의 『레 미제라블』은 장 발장이 주인공인 이야기지만 꼬제뜨의 이야기도 있고 꼬제뜨를 사랑하는 마리우스의 이야기도 있지요.

재미있게도 마르셀 프루스뜨(Marcel Proust)는 허구주의자로 분류하고 있습니다. 『잃어버린 시간을 찾아서』를 읽어보면 전부 자기 이야기뿐인 것처럼 보이는데 말이지요. 자신이 어린 시절을 보낸 꽁브레 마을에서의 추억이라든지 그곳에서 만난 사람들, 알베르띤과의 사랑 등, 그 안에 당시의 문화가 모두 녹아 있기는 하지만 기본적으로는 전부 자기 이야기이죠. 그렇지만 자기 자신이 다른 인물들을 가려버릴 정도로 전면에 나서지는 않는다는 말입니다.

그러면서 미셸 뚜르니에는 앙드레 지드를 비롯해서 스땅달, 플로베르 같은 사람은 자아주의자도 허구주의자도 아닌 '걸쳐 있는 사람'이라고 이야기합니다. 작가가 언제나 자기 작품의 중심에 서 있다는 점에서는 자아주의자에 속하면서도, 스땅달(Stendhal)을 예로 들면 구심성이 아니라 원심성, 그러니까 자기에게서 도망치기 위해서 글을 썼기 때문에 둘 사이에 걸쳐 있는 사람이라는 것이지요. 뚜르니에는 스땅달에 대해 이렇게 말합니다. "대머리에, 안색이 붉고, 이가 빠지고 배가 나온 이 작달막한 남자는, 오직 스스로에게서 도망치기 위해서, 자신의 로마네스크하고 모험적인 영혼을 창백하고 날씬한 청년 주인

공들 속에 투사하기 위해서 자기 자신에 따라 썼던 것이다."(250면)

앙드레 지드도 자기중심적인 작품을 쓴 사람이지만 이성애자의 폭정을 공격하고(앙드레 지드도 동성애자였지요), 공산주의자들의 진영에 가담했다가 스딸린주의의 현실을 목도하고는 그들과 손을 끊었으며, 제국주의에 반대하여 프랑스령 적도 아프리카로 여행을 감행하는 등 "중대한 일련의 앙가주망을 통해 끊임없이 위험을 감수했고, 사리사욕과는 무관한 여러 명분들을 위해서 자신의 명성과 자유와 심지어 생명까지도 위험에 처하게 했다"(251면)는 점에서 자아주의자들과는 다르다고 합니다.

그밖에도 미셸 뚜르니에는 여러가지 이분법을 통해서 앙드레 지드를 이야기합니다. 그중에서도 제가 『토니오 크뢰거』와 연결해서 흥미롭게 읽은 것은 일차적 인간과 이차적 인간의 이분법입니다.

일차적 인간은 영원한 현재의 젊음에 매혹되어 있는 사람이고 처음으로 시작하는 사람, 매일 아침이 창조의

첫날인 사람이라고 합니다. 또 유령이나 환상에 시달리지 않으며, 앞을 내다보지 못하고 뻔뻔스러운 행동을 하지만 악의는 없으며, 주어지는 것에 본능적으로 집착한다고 하지요. 반면 이차적 인간은 자신의 과거와 미래를 끊임없이 참고하면서 살아가는 사람인데, 과거에 대한 향수와 미래에 대한 두려움이 현재를 희미하게 만든다고 합니다. 직관보다는 계산이, 자유보다는 충실성이 더 중요한 사람이라고 하고요. 그러면서 뚜르니에는 일차적 인간과 이차적 인간은 너무나 기이하게도 서로에게 끌리는가 하면 배척하고, 끊임없이 상대에게 감탄하는가 하면 경멸하고, 사랑하는가 하면 증오하면서 역사적으로 짝을 이루어왔다고 합니다.

이렇게 일차적 인간과 이차적 인간을 대비하면서 미셸 뚜르니에는 재미있는 예를 많이 듭니다. 그중 하나가 볼떼르(Voltaire)와 루쏘(Jean Jacques Rouseau)인데, 실제로 그 둘은 많이 싸웠죠. 볼떼르는 루쏘가 자식들을 모두 고아원에 버린 위선자라고 비난했고, 루쏘는 세간의 비난으로부터 자신을 방어하기 위해 자신의 내면적 진실을 고백한 『참회록』을 썼다고 합니다. 그러다보니 『참회록』에는 자기방어적이거나 부정확한 부분도 있고 상상력이 발휘된 부분도 있다고 하지요. 엄살도 많이 떨고 자기 병도 과장해서 쓰고 거짓말도 했다고는 하지만, 그처럼 성실하게 자신을 그려낸 글은 없었다는 점에서 자서전 문학의 새로운 차원을 열었다고 평가됩니다. 어쨌든 그들은 몇년씩이나 서로 언쟁을 벌였지만, 마치 상대방이 없으면 살 수 없다는 듯이 몇주 간격을 두고 비슷한 시기에 세상을 떠났다고 하지요. 뚜르니에는 볼떼르가 일차적 인간이라면 루쏘는 이차적 인간이라고 합니다. '과거에 대한 향수와 미래에 대한 두려움이 현재를 희미하게 만든다'라는 말이 루쏘에게는 아주 기가 막히게 들어맞지요.

그밖에도 미셸 뚜르니에는 나뽈레옹과 딸레랑, 고띠에와 보들레르를 서로 짝을 이루는 일차적 인간과 이차적 인간의 예로 듭니다. 그리고 뽈 발레리(Paul Valéry)와 앙드레 지드를 대비하면서 발레리가 대표적인 일차적 인간이라면 앙드레 지드는 이차적 인간이라고 합니다.

예를 들어 발레리는 지드에게 바치는 헌사에서 자신의 시를 '습작'이라고 규정하는데, 이는 그가 시를 쓰는 행위 자체만이 가치가 있으며 행위의 결과인 시는 하찮은 찌꺼기일 뿐인 하나의 수행으로 간주했음을 말해주는 것이라고 합니다. 뚜르니에는 이를 "극한까지 밀어붙여진 현재의 예찬"(268면)이라고 말합니다. 반면 지드는 발레리와 같은 일차적 인간이 되고 싶어했기 때문에 형식적이고 순수하게 지적인 발레리의 일차성을 찬미하는 글을 많이 썼다고 합니다. 지드의 『일기』 속에 발레리는 일흔아홉번 등장하는데, 언제나 최고의 감탄을 담은 우정의 톤으로 언급된다고 하지요.

미셸 뚜르니에는 지드가 타고난 원래의 이차성 위에 끊임없는 노력을 통해 획득한 일차성을 지니고 있었다고 평가합니다. 부단히 불편에 직면하고 사방에 적을 만드는 것을 두려워하지 않는 투쟁을 통해서 "쾌락과 아름다움과 헌신과 금욕과 관능이 동일한 격정 속에서 뒤섞이는 삶의 방식을 창조"(270면)해냈다는 것이지요. 뚜르니에는 그것이 시간과의 조화로운 동화, 즉 "시간을 정복하고 싶어하거나 시간으로부터 도피하고 싶어하는 대신에 스스로를 시간의 공모자로 만들고자 하는 하나의 결의"(279면)에서 비롯되었다고 봅니다.

미셸 뚜르니에가 지드를 높이 평가하는 것도 그 때문입니다. 뚜르니에는 지드의 모든 작품이 "신을 보려거든, 이 세계를 보기를 그만두어야 한다"고 말하는 오이디푸스(앙드레 지드의 마지막 소설 『테세우스』에 나오는 인물)에 맞서 빛과 관능을 예찬하는 데 바쳐진 것이었다고 평가하면서 글을 맺습니다.

한스 한젠과 토니오 크뢰거도 미셸 뚜르니에가 말하는 일차적 인간과 이차적 인간의 대립에 대입해볼 수 있겠지요. 한스 한젠이 일차적 인간이라면 토니오 크뢰거는 이차적 인간이라고 저는 읽었습니다. 저 자신은 토니오 크뢰거처럼 이차적 인간이라 생각했고요. 현재의 영원한 젊음에 매혹된다거나 하는 것과는 거리가 멀기 때문이죠.

더구나 앙드레 지드처럼 일차성에 가까워지기 위해 부단히 노력하는 유형이라고 할 수도 없지요. 자기 자신의 삶을 살기 위해 노력하기보다 어딘가 분열된 삶을 살아가고 있다는 생각에만 사로잡혀 있는 거지요.

다만 앙드레 지드를 예찬하는 미셸 뚜르니에의 관점에서 말하자면, 현재의 인간이 아닌 저도 앙드레 지드처럼 흘러가는 시간과의 동화를 이루어내는 과제, 또는 저 자신의 삶의 방식을 창조하는 문제를 풀어낼 수 있어야 하겠지요. 그것을 어떻게 풀어야 할지 알기 위해서라도 저는 계속 책을 읽어나갈 수밖에 없다는 생각이 드는군요.

『고슴도치와 여우』

이분법이라고 하면 빠뜨릴 수 없는 책이 이사야 벌린(Isaiah Berlin)의 『고슴도치와 여우』입니다. 그의 책 『러시아 사상가』에도 실려 있고 단행본으로도 나와 있지요. 경제계에서도 꽤 많이 읽혀서, 경영에도 고슴도치형이 있고 여우형이 있다는 이야기가 한동안 유행처럼 알려지기도 했습니다.

이 책을 쓴 이사야 벌린은 1909년, 당시에는 제정 러시아의 식민지였던 라트비아에서 태어났습니다. 영국에서 공부하고 활동하면서 사상사가로서 이름을 얻었으며, 유명한 에세이 「자유의 두가지 개념」에서 적극적 자유와 소극적 자유를 구분하고 후자를 강조한 것으로도 잘 알려진 사람입니다.

이사야 벌린은 『고슴도치와 여우』(애플북스 2010)에서 사람을 고슴도치형과 여우형 두 유형으로 분류하고 있습니다. 고슴도치형에 대해서는 "모든 것을 하나의 핵심적인 비전, 즉 명료하고 일관된 하나의 시스템과 연관시키는 사람들이다. 그들에게 이런 시스템은 모든 것을 조직화하는 하나의 보편 원리이다. 따라서 그들은 이런 시스템에 근거해서 모든 것을 이해하고 생각하며 느낀다"(21면)라고 설명합니다. 단떼, 플라톤, 빠스깔, 헤겔, 도스또옙스끼, 니체, 입센, 프루스뜨 같은 사람이 고슴도치형이라고 합니다.

반면에 여우형은 "다양한 목표를 추구하는 사람들"로, "이 목표들은 흔히 서로 관계가 없으며 때로는 모순되기도 한다. 물론 심리적이고 생리적인 이유에서 실제로 존재하는 관계이지만 도덕적이고 미학적 원리에 근거한 관계는 아니다. 이런 사람들은 적극적인 삶을 살아가고 행동지향적이며, 생각의 방향을 좁혀가기보다는 확산

시키는 경향을 띤다"(21~22면)고 벌린은 설명합니다. 모든 것을 포괄하는 변치 않는 비전에 자신을 맞추기보다 산만하고 분산적으로 사고하며 다채로운 경험과 대상의 본질을 포착하려 한다는 것이지요. 벌린은 셰익스피어, 아리스토텔레스, 몽떼뉴, 에라스무스, 몰리에르, 괴테, 뿌시낀, 발자끄, 조이스 같은 사람을 예로 들고 있습니다.

벌린이 고슴도치형 인간과 여우형 인간에 대해 설명한 것은 똘스또이(L. N. Tolstoi) 이야기를 하고 싶어서입니다. 미셸 뚜르니에가 앙드레 지드는 자아주의자 계보에 속하지만 자기를 잊기 위해서 글을 쓴 사람이라고 평가했던 것처럼, 벌린은 똘스또이를 평가하면서 똘스또이는 자기를 고슴도치라고 믿었던 여우라고 합니다. 여기서 똘스또이의 모든 모순이 비롯되었다고 벌린은 설명합니다.

벌린에 따르면, 똘스또이는 고슴도치형 인간처럼 단일하고 포괄적인 비전을 추구했지만 실제로는 여우형 인간이었기 때문에 다양한 인간을 구체적으로 표현하려는 욕구가 강했습니다. 그는 다양성보다 단순함을, 다차원의

레프 똘스또이

의식보다 하나의 차원으로 응축된 의식을 창조해내려 애썼지만, 사실 그의 장기는 “미세한 움직임, 표정과 생각과 고통스러운 감정의 내외적인 모습 및 분위기, 또한 특수한 상황, 한 시기, 개인과 가족만이 아니라 공동체와 민족 전체의 삶을 섬세하게 묘사”(92면)하는 데 있었다는 것이지요.

그래서 『전쟁과 평화』에서도 똘스또이는 다양한 인물들을 묘사하고 설명하면서 복잡한 사건들을 만들어내지만, 개개인의 특성에 대한 분석만으로는 역사의 흐름을 충분히 설명할 수 없다는 한계에 스스로 부딪치게 됩니다. 보편적 원리에 대한 추구와 개개인의 특성에 대한 강조 사이에서 끊임없이 갈등했다는 것이죠.

똘스또이가 노년에 이르러 자신이 인간과 사건에 대해 믿었던 것과 믿어야 한다고 생각했던 것 간의 명백한 모순을 해결하려 노력하였으나 결국 실패하고 말았던 것도 그가 천성적으로 매서운 눈을 가진 여우였기 때문이라고 벌린은 말합니다. 자기 자신조차도 그의 ‘섬뜩하고 파괴적인 감각'의 대상이 되었다는 거지요. 벌린은 똘스또이에 대해 이렇게 평가합니다.

> 그는 실제로 존재하는 것과 당연히 존재해야 하는 것의 갈등을 해소할 수 없었고, 그 갈등을 해소하지 않은 채 내버려두지도 못한 사람들 중 가장 위대한 인물이었다. (…) 지독히 자존심이 강하면서도 자기증오에 시달렸고, 박식하면서도 모든 것을 의심했으며, 냉정하면서도 넘치도록 열정적이었고, 남을 경멸하면서도 자기비하가 심했다. 또한 지나친 고뇌에 시달리면서도 초연했고, 가족과 헌신적인 추종자들에게서 사랑받고 온 문명세계에서 찬사를 받았지만 거의 언제나 홀로였다.(179~80면)

누구에게서나 고슴도치적인 면과 여우적인 면을 함께 찾아볼 수 있겠지만 어떤 성향이 더 강한지는 사람마다 다르겠지요. 자신의 모순을 내버려두지 못하고 철저하게 추구한다는 면에서는 똘스또이 또한 고슴도치적인 성향을 가졌다고 할 수는 없을까요? 벌린에게 물어보고 싶지만 그는 1997년에 돌아가셨으니 그건 어렵겠지요.

문학적 재판관:
『시적 정의』

저는 제 삶을 가지고 스스로 이분법 놀이를 한다고 생각하면서 살아왔는지 모르겠습니다. 오랫동안 판사 생활을 하면서도 내 삶과 세상이 분리되어 있다고 생각해왔으니까요. 법원에 가면 남의 사건을 열심히 연구하는 법률가로 일하지만, 집에 오면 전공이나 생활과는 전혀 상관없는 책만 읽었습니다. 저는 책 읽기와 직업을 늘 분리해서 생각했습니다. 직업적인 이유로 꼭 읽어야 하는 법률서를 제외하고는 아무런 쓸모가 없는, 댓가가 돌아오지 않는 책들만 읽어왔으니까요.

그러다가 어느날 만난 책이 『시적 정의』입니다. 이 책을 보면서 내가 그동안 책을 읽어온 것이 완전히 쓸모가 없지는 않았구나 하는 생각을 처음으로 하게 되었습니다.

이 책을 쓴 마사 누스바움(Martha Nussbaum)은 시카고 로스쿨의 교수입니다. 로스쿨에서 '법과 문학'이라는 수업을 맡아 로스쿨 학생들과 함께 문학작품을 읽으면서 '인간적이고 다양한 가치를 지닌 공적 합리성 개념'이 '공적 추론에 기여할 수 있는 잠재력'을 높이 평가하게 되었고, 그 경험을 토대로 이 책을 썼다고 합니다.

정의가 어떻게 시적일 수가 있느냐고 생각할 수 있겠지요. 누스바움은 책의 앞머리에서 월트 휘트먼(Walt Whitman)의 시 「나 자신의 노래」를 인용하고 있습니다.

> 한 아이가 물었다, 풀잎이 뭐예요? 손안 가득 그것을 가져와 내밀면서.
>
> 내가 그애에게 무어라 답할 수 있을까…… 그것이 무엇인지 그애가 알지 못하듯 나도 알지 못하는데.(『시적 정의』, 궁리 2013, 7면)

그리고 책의 마지막 장에서 "문학적 재판관은, 휘트먼의 시인과 같이, 풀잎사귀들 속에서 모든 시민들의 평등한 존엄—또한 성적 갈망과 개인적 자유의 보다 신비로운 이미지들까지지도—을 본다"(252면)라고 말합니다. 서로를 온전한 인간으로 보는 것이 곧 시적 정의라는 것을 말하는 것이겠지요.

시적 정의의 개념은 재판관에게 문학적이기를 요구합니다. 그렇다면 '문학적'이라는 것은 무엇일까요? 누스바움은 그것을 과학적 사고와 대비해서 설명합니다. 누스바움은 과학이라는 이름하에 행해지는 경제학적 사유는 "인식 가능한 세계의 질적인 풍성함, 인간 존재의 개별성과 그들의 내면적 깊이, 그리고 희망, 사랑, 두려움 따위는 보지 못한다. 또한 인간으로서 삶을 산다는 것이 어떤 것인지, 의미있는 삶은 어떤 것인지 등을 알지 못한다. 무엇보다 인간의 삶이라는 것이 신비하고도 지극히 복잡한 어떤 것이라는 점, 그리고 그 복잡함을 표현하는 데 적합한 언어들과 사유의 능력을 통해 접근해야만 한다는 점을 보

마사 누스바움의 『시적 정의』

지 못하는 것이다"(73면)라고 지적합니다.

반면 문학은 세상을 환원적으로 바라보지 않고 질적인 차이들에 주목한다고 합니다. 누스바움은 소설의 특징으로 "인간의 개별성에 대한 존중과 질적인 것으로부터 양적인 것으로의 환원 불가능성에 대한 인정, 세계에서 개인에게 일어나는 일들은 모두 매우 중요하다는 인식, 그리고 삶에서 일어나는 사건들을 마치 개미나 기계 부품의 움직임이나 동작같이 객관적인 외부의 관점에서 보는 것이 아니라, 인간 존재가 자신의 삶에 다층적인 의미를 부여하듯 삶 속에서 우러나오는 시선으로 바라보는 묘사"(83면)를 꼽습니다. 그리고 이러한 문학작품을 읽는 독자들은 자연스럽게 작품 속에서 일어나는 사건들에 대한 공평한 관찰자가 되는 훈련을 받는다고 합니다.

'공평한 관찰자'란 애덤 스미스(Adam Smith)의 『도덕감정론』에 나오는 개념입니다. 애덤 스미스에 따르면 우리는 자신의 이해관계에 얽매이지 않고 자신의 감정과 행위의 타당성을 판단하는 또다른 자신, 즉 공평한 관찰자를 내면에 두고 있다고 합니다. 그래서 자신의 감정과 행위에 대해 공평한 관찰자의 인정을 받기 위해 노력한다는 것이지요.

누스바움은 이 개념을 끌어와, 공평한 관찰자는 "자신이 목격하는 사건에 개인적으로 연루되지는 않지만, 그들을 염려하는 친구로서 그들에게 관심을 갖는다"(160면)고 설명합니다. 관찰자로서 그는 자신의 개인적인 안전과 행복을 고려하지 않으므로 편향적이지 않지만, 그러면서도 자신의 앞에 있는 사람들의 처지를 자신의 것처럼 상상한다는 것이지요. 애덤 스미스의 표현을 빌리자면, "만일 자신이 그와 같은 불행한 상황에 처하게 된다면, 동시에—아마도 불가능한 일이겠지만—그 불행한 상황을 현재의 이성과 판단력을 가지고 바라볼 수 있다면, 자신은 무엇을 느끼게 될지를 함께 생각"(161~62면)한다는 것입니다.

애덤 스미스는 이를 '공감'이라고 말합니다. 애덤 스미스 당시에는 공감, 즉 엠퍼시(empathy)라는 단어가 쓰이지 않았기 때문에 '동감'의 뜻에 가까운 씸퍼시(sympathy)라는 용어를 사용하고 있지만, 그가 말하는 공감이 단순히 당사자들과 일치되는 감정이 아니라 공평한 관찰자로서의 감정을 가리키는 것임을 알 수 있습니다.

누스바움은 재판관이 갖추어야 할 공적 합리성은 바로 이 공평한 관찰자의 감정이라고 말합니다. 물론 문학작품은 불완전한 길잡이가 될 수도 있고 여전히 기존의 법령과 판례 등에 관한 지식이나 재판의 제도적 역할에 대한 인식 등이 전제되어야 하겠지요. 그러나 문학적 상상력은 재판관이 자신 앞에 놓인 사건의 사회적 현실로부터 고상하게 거리를 두지 않고 풍부한 상상력을 겸비한 구체성과 정서적 응대를 바탕으로 현실을 철저하게 검토할 수 있게 한다는 것이지요.

쉽게 말하자면, 문학적 재판관이란 문학작품을 읽는 독자와 비슷한 관찰자의 능력을 지닌 재판관이라고 할 수 있겠습니다. 연극이나 영화를 보는 관객이라고 할 수도 있겠고, 요즘 식으로는 텔레비전 드라마를 보는 시청자라고 할 수도 있겠지요. 『오이디푸스 왕』과 같은 그리스 비극에서 우리는 오이디푸스의 행동을 보면서 '저러면 안 되는데' 하고 안타까워합니다. 그 사람과 행동을 같이하지는 않고 비판적인 거리를 두면서도 그 사람의 처지와 감정을 이해하는 것이지요. 이는 굳이 애덤 스미스를 빌려오지 않더라도 모든 인간에게 내재된 능력이라고 할 수 있을 것입니다.

마사 누스바움은 미국의 스티븐 브라이어(Stephen Breyer) 대법관이 청문회 석상에서 언급한, 『제인 에어』에 대한 영국의 에세이스트 체스터턴(G. K. Chesterton)의 글을 소개하면서 문학적 재판관의 중요성을 강조하고 있습니다.

> 밖으로 나가서 도시를 한번 보시오. (…) 보다시피 지금 당신은 19세기 말의 집들을 보고 있지만, 이 모든 집들은 마치 다 똑같이 생겼소. 그리고 저 모든 사람들은 일을 하러 가고 있고 그들 또한 다 똑같다는 생각

이 들 것이오. 하지만 브론테가 당신에게 말해주는 것은 바로 그들이 결코 똑같지 않다는 것이오.(173면)

모두 똑같아 보이는 집들이지만 제각기 다른 이야기들을 가지고 있고, 그 각각의 이야기들은 인간의 정념에 관한 무언가를 내포하고 있다는 것입니다. 판결이라고 하면 흔히 보편적 정의, 보편적 기준을 대입하는 것이라고 생각하기 쉽지만, 똑같은 집에 사는 사람들이라 해도 모두 각자의 개별적인 사정을 갖고 있는 사람들이지요. 가령 누가 사람을 죽였다고 할 때, 같은 살인이라 해도 그 배경을 보면 여러가지 이야기가 있을 수 있습니다. 아버지가 어머니를 폭행하는 것을 보고 순간적으로 흥분해서 아버지를 죽인 아들도 있을 수 있고, 아이가 말을 듣지 않는다고 마구 때리고 몇날 며칠을 방치해두어 죽음에 이르게 하는 부모도 있지요. 그렇게 개별적인 이야기가 다 다릅니다. 재판관은 그런 개별성을 놓치지 않아야 한다는 것이죠.

이 책을 읽고 저는 그동안 제가 소설을 많이 읽어온 것이 전혀 쓸모없는 일만은 아니었구나 하는 생각을 했습니다. 주변에서 왜 소설을 그렇게 많이 읽느냐, 시간이 아깝지 않으냐는 이야기를 많이 들어왔거든요. 스스로도 소설이 나에게 주는 효용이 과연 무엇인지 궁금했고, 한편으로는 내가 생각하지 않기 위해서 책을 읽는 것은 아닐까, 생각하지 않으려고 소설 속으로 도망가는 것은 아닐까 자문하기도 하고 또 어느정도 자인하기도 했습니다.

그런데 누스바움은 내가 읽어온 책들이 내게 '공감'이라는 훈련을 시켜주어서 내가 현실에서 사건을 보고 판결을 하는 자세에 영향을 주었다고 말해주고 있었습니다. 그러니 직업적으로도 꽤나 쓸모가 있었던 셈입니다. 제게 큰 위로가 되어준 것이지요.

사실 판사들이 판결을 내릴 때 무엇을 기준으로 삼아야 하는지는 어려운 문제입니다. 특히 대법원으로 오면 더 어려워지지요. 예를 들어 어떤 사건이 1, 2심에서는 유죄라고 판결했는데 대법원에서는 무죄라고 판결하면서 하급심으로 돌려보냈다면 왜 그랬는지, 왜 1, 2심과 대법원의 기준이 다른지 설명하기 쉽지 않습니다. 더구나 대법원은 3심 판결을 하는 곳이지만 법 해석의 기준을 만드는 자리이기도 합니다. 1, 2심의 판결을 돌려보내는 것도 보편적인 기준을 고려하지 않은 채 함부로 할 수 없는 문제이지요. 대법원은 또 입법으로 해결되지 않는 분야에서 새로운 해석을 내놓는 때도 있고 종래의 해석을 변경하기도 해야 합니다. 그럴 때마다 무엇을 기준으로 해야 할지 혼란스럽지요.

대법관 개개인으로서도 어떨 때는 소수의견에 가담하고 어떨 때는 다수의견에 가담하고, 어떨 때는 판례를 따르고 어떨 때는 법 해석을 바꾸기도 합니다. 그럴 때 무슨 기준으로 판결을 해야 할지 고민을 많이 하지만 뚜렷한 답을 내놓기 어려운 것이 사실이지요. 수십년간 판사 생활을 해왔어도 마찬가지입니다. 흔히 '리걸 마인드'(legal mind)라는 말을 쓰지만, 그것을 다른 말로 풀어서 설명할 방법이 없거든요. 그런데 마사 누스바움이 제시하는 '소설을 읽는 독자의 시선'이라는 기준을 보면서 많은 부분이 설명되는 느낌을 받았습니다.

세상을 바꾸는 상상:
『빼앗긴 자들』

누스바움은 "다른 사람의 고통을 정확하게 상상하여 사려깊게 측정하고, 나아가 그것에 관여하고 또 그것의 의미를 물을 수 있는 능력은 인간의 실상이 무엇인지 알고 또 그것을 바꾸어나가는 힘을 얻는 강력한 방법"(195면)이라고 하면서 이와 같은 상상력이 없다면 재판관의 평가는 핵심을 벗어나게 될 것이라고 말합니다. 나아가 다른 사람의 고통에 대한 상상력이 결여되면 결국 "기이한 화성인 같은 중립성"(191면)을 낳는다고도 합니다. 화성인이 지구인을 상상한다거나 지구인이 화성인을 상상한다는 것은 지구인들끼리나 화성인들끼리 상상력을 공유하는 것보다는 아무래도 거리가 멀 수밖에 없겠지요. 물론 그런 경우에조차도 상상력이 상상력인 것은 그것이 '거리두기'를 없애는 힘이기 때문입니다.

어슐러 르 귄(Ursula K. Le Guin)이라는 여성 SF 작가가 그런 말을 했습니다. '진리는 상상의 문제다'라고요. 저는 이 말을 참 좋아합니다. 흔히 '아는 만큼 보인다'라고 하지만, 말을 바꾸면 '상상한 만큼 보인다'라고도 할 수 있지요.

저는 상상만이 세상을 바꿀 수 있다고 생각합니다. 상상이 없으면 '이미 있는 것'에 대해 공부하고 익히는 일밖에 남지 않을 테니까요. 물론 그것만 하기도 바쁜 세상이지만, 그러기만 해서는 세상은 바뀌지 않습니다. 무언가 더 나은 것에 대한 상상, 다음에 나아갈 행보에 대한 상상, 그것만이 세상을 바꿀 수 있는 것이죠.

어슐러 르 귄의 소설은 우리가 사는 세상의 지평을 넓히고 생각의 한계를 벗어날 수 있는 상상력을 키워줍니다. 우리가 사는 세계의 은유를 통해 다른 세상을 상상하게 해주죠. 그 상상을 통해 거꾸로 우리 세계를 객관적으로 볼 수 있게 해주기도 합니다. 이런 방식을 외삽(外插, extrapolation)이라고 하지요. 알려진 영역의 자료를 근거로 하여 알려지지 않은 영역의 사실을 추리하는 방법을 말합니다.

어슐러 르 귄의 『빼앗긴 자들』이라는 장편소설은 지구와 달처럼 두개의 별이 나란히 있는 쌍둥이별에 대한 상상에서 나온 작품입니다. 한 별은 우라스고 한 별은 아나레스입니다. 우라스에서는 르 귄이 소설을 쓴 1970년대 당시에 미국과 소련이 서로 대결하던 것처럼 고도로 발달한 자본주의 국가와 사회주의 국가가 서로 대립하고 있습니다. 반면 아나레스라는 별은 책에서는 오도니즘이라고 부르는 아나키즘 사회입니다. 평등하고 모순되지 않은 아나키즘적 사회를 르 귄이 상상하여 그려놓은 것이죠.

그런데 제목이 '빼앗긴 자들'이죠. 이쪽 별에서도 빼앗긴 것이 있고 저쪽 별에서도 빼앗긴 것이 있다는 것입니다. 자본주의와 공산주의 사회에서는 무엇을 빼앗겼고 오도니즘이 지배하는 사회에서는 무엇을 빼앗겼을까를 생각하면서 읽으면 무척 재미있습니다.

오도니즘에 대해서 알아보기 전에 먼저 읽어야 할 것이 르 귄의 단편 「오멜라스를 떠나는 사람들」입니다. 우리나라에서는 『바람의 열두 방향』(시공사 2014)이라는 단편집에 수록되어 있습니다. 이 작품의 앞부분에서 르 귄은 오멜라스가 얼마나 아름답고 행복한 곳인지 자세하게 묘사합니다. 삶의 여러 조건들이 지나치지도 모자라지도 않게 갖추어져 있는 곳이지요.

그런데 바로 그곳의 아름다운 공공건물 가운데 하나에 창문도 없는 방이 있습니다. 널빤지 벽을 통해 들어오는 한줄기 희미한 빛만이 비치는 곳입니다. 먼지투성이인 그 방에는 어린아이 하나가 앉아 있습니다. 거의 열살쯤 되었지만 여섯살쯤 되어 보이고, 남자아이일 수도 있고 여자아이일 수도 있는 정신이 박약한 아이라고 소설은 묘사합니다. 아이는 아무것도 입지 않은 채 그곳에 갇혀 옥수수 가루와 기름 반그릇으로 하루를 연명합니다.

오멜라스의 사람들은 모두 아이가 그곳에 있다는 사

실을 알고 있으며 그곳에 있어야만 한다는 사실도 알고 있습니다. 오멜라스의 사람들은 모두 여덟살에서 열두살 사이에 그 아이에 대해 설명을 듣게 되어 있기 때문입니다. 간혹 젊은이들이 아이를 보러 오기도 하지만 그들이 해줄 수 있는 일은 아무것도 없습니다. 누군가 아이를 그 지독한 곳에서 데리고 나와서 깨끗하게 씻기고 잘 먹이고 편안하게 해준다면 그날로 오멜라스 사람들이 누려왔던 모든 행복과 아름다움과 즐거움이 사라지고 만다는 계약이 있기 때문입니다. 그것이 지하실 골방 안에서 벌어지는 죄악을 방기하게 만드는 이유인 것이지요.

지하실의 아이를 본 사람들 중에는 눈물을 흘리거나 분노를 느끼는 데 그치지 않고 그대로 집을 떠나버리는 이들도 있다고 합니다. 혼자서 오멜라스를 떠나 산으로 향한 이들은 다시는 돌아오지 않습니다. '오멜라스를 떠나는 사람들'이라는 제목은 바로 이들을 가리킵니다.

르 귄은 작가 노트에서 윌리엄 제임스(William James)의 「도덕적 철학자와 도덕적 삶」이라는 글에 나오는 길 잃은 영혼에 대한 언급에서 이 글의 주제를 가져왔다고 썼습니다. “어느 외딴 곳에서 길 잃은 한 영혼만 고통을 당하면 그 낙원에 있는 수백만명이 영원히 행복하게 살 수 있다고 가정한다면, 설사 그런 식으로 제공되는 행복을 붙잡고 싶은 충동이 우리 안에 있다 할지라도 그러한 거래의 열매를 자신의 의지로 받아들여 얻은 행복이 얼마나 추잡한가를 스스로가 명확히 느끼는 것 말고 다른 무엇을 느낄 수 있을까?”(452면)라는 문제의식이지요. 마이클 샌델(Michael J. Sandel)도 『정의란 무엇인가』에서 공리주의를 반박하기 위해 르 귄의 「오멜라스를 떠나는 사람들」을 예로 들고 있습니다.

그런데 오멜라스를 떠난 사람들은 어디로 갔을까요? 르 귄은 그중의 한 사람이 ‘오도’라고 합니다. 실제로 오도가 오멜라스 출신이라는 것은 아니고 비유적인 표현이지요. 오도는 오멜라스가 상징하는 사회를 떠나서 혁명에 뛰어들었다가 감옥에서 구년을 보냅니다. 수감 초기에 남편은 죽고, 오도는 감옥에서 「유추」「공동체」「감옥에서 보내는 편지」 등을 쓰며 오도니즘을 전파합니다. 르 귄에 따르면 오도니즘은 초기 도교와 셸리, 끄로뽓낀 등이 설파한 것과 같은 유의 아나키즘이라고 합니다. 권위주의적 국가에 반대해 협력과 상호부조를 강조하는 정치사상이라는 것이지요.

오도니안 사회가 정부 전복에 성공하자 우라스의 세계정부의회에서는 우라스의 달인 아나레스를 국제 오도니안 사회에 내어주며 그들을 우라스에서 내쫓기로 합니다. 그에 따라 우주선 열두대가 이십년 넘게 두 세계 사이를 왕복하면서 오도니안 몇백만명을 실어날랐고, 그후 두 세계 사이의 이민은 폐쇄되고 무역협정에 따른 화물선만 오갈 수 있게 됩니다.

아나레스의 오도니안들은 오도의 주장에 따른 공동체를 건설해 살아갑니다. 그로부터 한세기 반쯤 지나 아나레스에서 아인슈타인보다 뛰어난 과학자인 쉐벡이 태어나는데, 이 쉐벡을 주인공으로 하여 쓰인 소설이 바로

『빼앗긴 자들』입니다. 그러니까 쉐벡도 오멜라스를 떠난 사람들의 정신을 계승하고 있는 것이지요.

이 책은 어슐러 르 귄의 SF 씨리즈 중 하나인 '헤인 씨리즈'의 출발점이라 할 수 있습니다. 쉐벡이 우주상의 두 지점 간에 아무런 시간 간격 없이 통신을 가능하게 해주는 '앤서블'이라는 통신장치에 대한 이론을 만들어냈고, 이를 바탕으로 헤인을 비롯한 아홉개의 '알려진 세계'에 살고 있는 수십억 사람들 간의 대화가 가능하게 되었기 때문입니다. 별들 간의 소통이 가능하다고 전제함으로써 광대한 우주적 상상력을 펼칠 수 있게 된 것이지요. 판타지에 그치고 만 '스타워즈' 씨리즈는 저리 가라 할 어마어마한 씨리즈가 탄생하게 된 것입니다.

사실 르 귄이 SF라는 장치를 가져와서 말하고자 하는 것이 바로 우리가 살고 있는 지구의 이야기인 것은 금방 알 수 있습니다.

우라스에서 자신을 이용하려는 세력들로부터 탈출한 쉐벡은 테라 대사관으로 찾아갑니다. 테라는 우리가 살고 있는 지구를 말합니다. 물론 머나먼 미래의 지구이지요. 테라의 대사는 쉐벡에게 우리 지구의 미래에 대해서 말해줍니다. 한때 90억 가량이었던 테라의 인구는 폭력과 환경파괴로 말미암아 5억 남짓으로 줄어들었고, 헤인인들의 도움으로 전적인 배급제, 출산 통제, 안락사, 전체 노동력 징집 등 개별적인 삶을 종족의 생존을 위해 철저하게 조직화함으로써 겨우 살아남을 수 있었다는 것입니다. 인류가 지금처럼 살아간다면 언젠가는 자원이 고갈되고 지구는 더이상 사람들이 살 수 없는 곳이 될 것이라는 사실은 생각해보면 커다란 비밀도 대단한 외삽도 아니지요.

아레나스에서 온 쉐벡은 우라스에서의 삶에 대해 다음과 같이 철저하게 비판합니다.

> 여기에는 국가와 그들의 무기, 부자와 그들의 거짓말, 가난한 이들과 그들의 비참함밖에 없으니까요. 우라스에는 깨끗한 마음으로 올바르게 행동할 길이 없어요. 재산, 상실에 대한 두려움, 권력에 대한 소망

에 관여하지 않고 할 수 있는 일이 하나도 없어요. 당신네는 다른 이들에 대해 '우월'하다는 것을 알거나 그걸 증명하려고 노력하지 않고서는 '안녕'이라는 말도 하지 못하오. 당신네는 다른 이들에게 형제처럼 대하지 못하고, 그들을 조종하거나 명령하거나 복종시키거나 속여야 하죠. (…) 우라스는 푸른 하늘과 초원, 숲과 근사한 도시로 아름답게 포장해놓은 상자, 꾸러미예요. 그리고 상자를 열면 안에 뭐가 있죠? 먼지 뽀얀 지하실과 시체뿐. 다른 사람에게 손을 뻗었다는 이유로 손에 총을 맞은 사람뿐이오.(『빼앗긴 자들』, 황금가지 2002, 476~77면)

쉐벡은 또한 스스로 외부와 단절되어 고여 있는 아나레스의 삶에 대해서도 비판합니다. 그리고 그들을 일으켜 세워 관습을 깨고, 사람들이 질문을 하게끔 만들기 위해서 다시 아나레스로 돌아갑니다.

앞에서 제가 영화 '스타워즈' 씨리즈는 판타지이고

헤인 씨리즈는 SF라고 했는데, SF가 판타지를 벗어나려면 알려진 자료들을 토대로 미래 사회에 대한 외삽을 제대로 할 수 있어야 하겠지요. 『빼앗긴 자들』에는 1970년대 동서 냉전이 지속 중이던 세계를 보면서 르 귄이 SF라는 장르의 외피를 쓰고 하고 싶었던 말이 쉐벡의 아나레스에서의 삶과 우라스에서의 경험을 보여주는 장면마다 고스란히 담겨 있습니다.

르 귄은 헤인 씨리즈의 다른 작품 『어둠의 왼손』에서도 전복적인 상상력을 펼칩니다. 앞서 말한 '진리는 상상의 문제'라는 자신의 주제를 르 귄은 소설의 무대인 게센 행성 사람들의 입을 빌려 이렇게 말하고 있습니다.

> 알려지지 않은 것, 예견되지 않은 것, 증명되지 않은 것, 삶이란 바로 그런 것 위에 서 있습니다. 무지는 사고의 기반입니다. 입증되지 않은 것은 행동의 기반입니다. (…) 인생을 가능하게 하는 것은 바로 영원히 우리를 괴롭히는 불확실성, 다음에 무슨 일이 일어날

지 모르는 '무지'입니다.(『어둠의 왼손』, 시공사 2014, 113면)

맞는 말이지요. 입증이 된 것을 위해서는 굳이 행동하지 않아도 되니까요. 우리가 지닌 사고의 한계를 넘어서 더 나은 것, 우리가 나아갈 방향을 상상하는 일의 중요성을 이보다 더 분명하게 말하기는 어려울 것 같습니다.

무한한 책 읽기:
『바벨의 도서관』

마지막 이야기는 아르헨띠나 작가 호르헤 루이스 보르헤스(Jorge Luis Borges)의 단편 「바벨의 도서관」에서 시작해보기로 합니다. 바벨은 다들 아시는 대로 성경에 나오는 바벨탑의 바벨입니다. 사람들이 하늘까지 닿는 탑을 쌓으려고 하자 신이 사람들을 서로 다른 언어로 말하게 해서 탑을 무너뜨렸지요. '바벨'은 히브리어로 '혼란'이라는 뜻이고 아시리아어로는 '신의 문'이라는 뜻이라고 합니다.

「바벨의 도서관」은 보르헤스의 여러 단편 중에서도 가장 대표적인 작품으로, '바벨의 도서관'이라는 거대한 도서관을 상상한 것입니다. 2011년에는 아르헨띠나의 설치미술 작가 마르따 미누힌(Marta Minujín)이 부에노스아이레스에 책 3만권을 이용해 바벨탑을 세웠다고 하지요. 총 6층, 높이 28미터 규모의 이 탑은 세계 각국의 언어로 된 책들을 벽돌처럼 차곡차곡 쌓아서 만들었다고 합니다. 보르헤스에 대한 오마주로 만든 이 작품은 유감스럽게도 지금은 남아 있지 않다고 하네요.

보르헤스는 바벨의 도서관을 이렇게 설명합니다.

> 우주(다른 사람들은 '도서관'이라 부르는)는 부정수 혹은 무한수로 된 육각형 진열실들로 구성되어 있다. 아주 낮게 난간이 둘려져 있는 이 진열실들 사이에는 거대한 통풍 구멍들이 나 있다. 그 어떤 육각형 진열실에서도 끝없이 뻗어 있는 모든 위층들과 아래층들이 훤히 드러나 보인다. 진열실들의 배치 구도는 일정하다. 각 진열실에는 두 면을 제외하고 각 면마다 다섯개씩 모두 스무개의 책장들이 들어서 있다. 책장의 높이는 각 층의 높이와 같고, 보통 체구를 가

진 도서관 사서의 키를 간신히 웃돌 정도이다. 책장이 놓여 있지 않은 두 면들 중의 하나는 비좁은 현관으로 통해 있다. 그 현관은 모두가 똑같은 형태와 크기를 가진 다른 진열실로 연결되어 있다. 현관의 왼편과 오른편에는 각기 아주 작은 방이 하나씩 있다. 하나는 서서 잠을 자는 곳이고, 다른 하나는 용변을 보는 곳이다. 현관에는 나선형 계단이 나 있는데 계단은 아득하게 위아래로 치솟거나 내려가 있다. 현관에는 거울 하나가 있다. (…) 각 육각형마다 서로 교차의 형태를 이루고 있는 두개의 등이 있다.(『픽션들』, 민음사 1994, 129~30면)

이렇게 끝없이 연결된 방들이 있는 도서관입니다. 진열실마다 놓인 20개의 책장에는 32권씩 책이 꽂혀 있고, 각 책은 410페이지로 되어 있으며, 각 페이지는 40줄, 각 줄은 약 80개의 글자로 되어 있다고 합니다. 계산해보면 하나의 진열실에만 8억 3968만 글자가 들어 있는 셈이지

보르헤스 『바벨의 도서관』의 영문판 표지.

요. 책등에도 글자들이 있다고 했으니 갯수는 약간 더 많을 겁니다.

이 책들은 모두 25개의 알파벳으로 쓰여 있고, 도서관에는 똑같은 두권의 책은 없기 때문에 이 도서관은 이 철자들의 가능한 모든 조합, 즉 모든 언어로 표현할 수 있는 가능한 모든 것을 총망라하고 있다고 합니다.

도서관이 모든 책을 소장하고 있다는 사실이 알려지자 사람들은 숨겨진 보물의 주인공이라도 된 것처럼 엄청난 행복감을 느낍니다. 도서관에는 세상의 모든 문제에 대한 명쾌한 답이 존재하기 때문이지요. 하지만 정작 필요한 책을 찾을 확률은 거의 없습니다.

'검열관'이라는 이름의 공식적인 수색자들도, '정화자'들이라 불리는 약탈자들도 도서관을 조금도 흔들지 못합니다. '나머지 모든 책들에 대한 암호임과 동시에 완전한 해석인 책'이 존재하며 그것을 본 한 사서가 신과 유사하게 되었다는 미신이 있었고, 많은 사람들이 그를 찾아 순례의 길을 떠나 가능한 모든 곳을 뒤졌으나 허사로 돌아가기도 했다고 보르헤스는 쓰고 있습니다.

플라톤에서 이어지는 근대철학은 이데아를 설정하고 그것을 향해 가는 것을 목표로 삼았습니다. 그것이 형이상학이지요. 그러나 니체에 이르러 궁극적인 진리를 찾는 것은 불가능하다고 선언되었고, 그 이후 합리적 이성을 앞세운 근대성 그 자체를 비판하는 방법론이 봇물처럼 쏟아졌습니다. 보르헤스가 총체적인 책이 존재한다는 것이 확실하다고 하고서도 "나는 우주의 어떤 책장에 그러한 총체적인 책이 있다는 걸 믿지 않는다"(140면)라고 한 것은 이런 서양철학의 역사를 응축한 한마디라 할 수 있겠지요. 그럼에도 불구하고 그는 그 책을 찾기 위해 끝없는 여행을 했고 "이러한 모험들 속에서 나는 나의 인생의 시간을 탕진하고 낭비했다"(같은 면)고 탄식합니다.

실제로 보르헤스의 많은 단편들은 이와 같은 모험을 소재로 하고 있습니다. 주인공들은 숱한 방황 끝에 진리를 찾지만, 진리를 찾은 이상 진리를 찾은 자기 자신은 사라지므로(또는 더이상 이전의 자신을 기억하지 못하므로) 진리는 진리인 채로 그대로 남아 있다는 것이지요.

그중 대표적인 것이 「알렙」이라는 단편입니다. 이 작품에서 화자는 철거가 예정된 어느 집의 지하실 한 귀퉁이에서 '알렙'을 봅니다. 그것은 처음에 "거의 눈에 담기 어려운 광채를 빛내고 있는 형형색색의 작은 구체"(『알렙』, 민음사 1996, 229~30면)로 나타납니다. 그러나 화자는 곧 직경 2~3센티미터의 그 구체 안에 모든 우주의 공간이 고스란히 들어 있음을 알게 됩니다.

화자는 그 속에서 으르렁거리는 바다, 새벽과 저녁, 아메리카 대륙의 군중들, 꽃송이들, 적도의 사막, 모래벌판의 모래 하나하나, 결코 잊지 못할 여자의 자태, 책들과 그 페이지 안에 들어 있는 글자들, 밤과 낮, 지구상에 있는 모든 개미를 봅니다. '알렙' 속에 들어 있는 지구를, 다시 지구 속에 들어 있는 '알렙'과 그 '알렙' 속에 들어 있는 지구를 봅니다. 요컨대 알렙은 '모든 지점들이 수렴되는 다른 어떤 지점'이라는 것이지요. 바벨의 도서관의 다른 이름이라고도 할 수 있겠습니다.

그의 다른 단편 「신의 글」의 화자는 과떼말라의 까올롬(신이라는 뜻) 피라미드의 사제입니다. 아스테카 문명을 정복한 꼬르떼스의 군대에 의해 불 질러진 피라미드이지요. 그는 보물이 숨겨진 장소를 캐내려는 군대에 의해 고문을 받고 감옥에 갇힌 채 목숨을 부지하고 있습니다. 그 안에서 그는 신이 세상의 마지막 날에 닥칠 불행을 피하기 위해 지었다는 마술적인 한 문장을 직관해내기 위해 애를 씁니다.

오랜 명상과 혼돈을 거친 어느날 그는 무아경 속에서 바퀴를 봅니다. 그 바퀴는 물로 만들어진 동시에 불로 만들어져 있고, 둘레가 있으면서도 무한하며, 미래와 과거와 현재의 모든 것이 서로 얽혀 이루어져 있습니다. 그는 그 바퀴를 통해 모든 것을 영원히 이해하는 거대한 깨달음을 얻습니다. 그리고 그토록 찾으려 애썼던 신의 문장을 이해합니다.

그것은 14개로 된 무작위적으로 보이는 단어들의 조합으로, 그는 그것을 큰 소리로 말하기만 하면 전지전능

해질 수 있을 것이었습니다. 그러나 그 단어들은 결국 말해지지 않습니다. 그는 이미 자기 자신을 기억하지 못하기 때문이지요. 우주의 구조를 엿본 사람에게 자기 자신은 아무런 의미가 없는 하잘것없는 것일 뿐이니까요. 그래서 그는 어둠속에 누워 세월이 그를 잊어가도록 가만히 내버려두고 있습니다.

바벨의 도서관은 무한하지만 25개의 글자로 가능한 조합은 무한하지는 않지요. 보르헤스는 이것을 '도서관은 한계는 없지만 주기적이다'라고 설명합니다. 절대적인 시작과 끝이 없이 주기적으로 무한히 반복되면서 유한함 속에서의 무한성을 나타낸다는 것입니다.

이 도서관은 보르헤스가 처음부터 말했듯이 우주나 세계의 은유입니다. 그는 인류는 소멸해갈지라도 도서관은 고귀한 책들로 무장하고 불을 밝힌 채 고독하고 비밀스러운 모습으로 영원히 지속될 것이라고 말합니다. "만약 어떤 영원한 순례자가 어느 방향에서 시작했건 간에 도서관을 가로질렀다고 하자. 몇세기 후에 그는 똑같은 무질서(이 무질서도 반복되면 질서가 되리라, 신적인 질서) 속에서 똑같은 책들이 반복되고 있음을 확인하게 되리라. 나는 고독 속에서 이 아름다운 기다림으로 가슴이 설레고 있다."(『픽션들』 143면) 이것이 「바벨의 도서관」의 마지막 문장입니다. 보르헤스는 결국 '신적인 질서'에서 우주의 비밀을 찾은 것일까요?

나를 찾는 독서

보르헤스는 「바벨의 도서관」에서 화자의 입을 빌려 이렇게 고백합니다.

'도서관'의 모든 사람들처럼 나는 젊은 시절 여행을 했다. 나는 한권의 책, 아니 아마 책 목록에 대한 목록을 찾아 방황을 했다. 내 눈이 현재 내가 쓰고 있는 글조차 거의 볼 수 없게 된 지금 나는 내가 태어났던 육각형으로부터 몇 레구아(1레구아는 5.5727㎞) 정도 떨어진 곳에서 나의 죽음을 맞이할 채비를 하고 있다. 일단 내가 죽어버리면 나를 난간 너머로 밀칠 경건한 손들 같은 것은 필요가 없게 될 것이다. 나의 무덤은

> 깊이를 알 수 없는 공기가 될 것이다. 나의 몸뚱이는 끝없이 가라앉을 것이고, 부식할 것이고, 영원한 추락이 일으키는 바람 속에 용해될 것이다.(130~31면)

보르헤스가 이 작품을 쓴 것은 1941년의 일입니다. 실제로 그는 유전에 의해 점점 시력을 잃어가 아르헨띠나 국립도서관장이 된 1955년경부터는 약간의 색 이외에는 거의 볼 수 없는 상태가 되었고 그뒤로도 삼십여년을 살았습니다. 그렇게 보면 저 구절은 마치 자신의 미래에 대한 예언처럼도 보이지요. 그가 불교 이론에 정통하여 불교에 관한 책도 출간한 바 있다는 점을 생각해본다면, 저 구절은 자신의 미래에 대한 비극적 상상이라기보다는 불교에서 말하는 무애(無碍)의 경지를 찾은 자신을 그려본 것은 아닐까 짐작해볼 수도 있겠습니다.

바벨의 도서관은 모든 책을 소장하고 있으므로 자신의 인생에 관한 모든 것이 쓰여 있는 책도 존재합니다. 세상 모든 사람들이 가진 고유성을 변호하고, 깜짝 놀랄 만한 미래의 비밀을 간직하고 있는 책이지요. 그 책은 분명 존재하지만 사람들은 바로 그 한권의 책을 찾을 가능성은 전혀 없다는 것을 알고 절망에 빠져들기도 합니다. 설혹 그 책을 찾았다 해도 책을 펼쳐든 순간 신의 글을 읽을 수 있게 된 사제처럼 그 책의 내용은 그에겐 무의미해질지도 모르지요.

책을 읽는다는 것은 책이 들려주는 이야기를 듣는 것입니다. 모든 책은 하나하나가 다른 이야기를 하고 있고, 또 같은 책을 읽더라도 각자가 듣는 이야기는 다를 수 있겠지요. 그러므로 책을 읽는다는 것은 무한한 세상 속을 여행하는 일이면서 또한 보르헤스의 말처럼 나 자신을 찾는 일이기도 합니다. 나에 대해 기록한 단 하나의 책을 찾는 것 말이지요. 달리 말하자면 세상을 통해서 나 자신을 찾는 공부라고도 할 수 있겠습니다.

저는 저의 책 읽기도 그런 것이 아닐까 생각합니다. 저에 대해 기록한 단 하나의 책을 찾기 위해서 책을 읽는 것은 아닐까 생각해보는 것입니다. 그걸 찾을 수 없다는 사실을 안다 해도 멈출 수 없는 것이지요. 마지막에 이르러서는 역시나 인생의 시간을 탕진하고 낭비했다고 탄식할 것이 틀림없겠지만요. 그렇게 단 하나의 책을 찾아가는 도중에 우연히 저와 맞아떨어지는 책들을 만날 수도 있었던 거지요.

제가 읽어온 많은 책들은 유년 시절에는 제 사고의 틀을 형성해주었고, 사춘기 시절에는 자신의 한계를 알려주었으며, 성인이 되어서도 저 자신의 삶을 지탱하는 기둥이 되어주었습니다. 그중에는 『토니오 크뢰거』처럼 영혼을 뒤흔든 책도 있고, 『시적 정의』처럼 저의 직업과 연관된 책도 있었지요.

하지만 지식 욕구를 채우거나 어디에 써먹을 수 있는 공부라는 관점에서 보자면 책에 대한 이런 탐닉은 쓸모있는 공부라고 할 수 없겠습니다. 제가 『토니오 크뢰거』를 읽으면서 빠져들었던 것처럼 자칫하면 자의식만 키우고 세상으로부터 자신을 고립시키는 공부가 될 수도 있지요. 그렇다면 그것은 쓸모없을 뿐 아니라 해로울 수도 있는 공부인 셈이지요. 그런데 왜 저는 쓸모없는 공부를 계속하고 있는 걸까요?

솔직히 말하면 저도 모르겠습니다. 신의 글을 직관해 내려고 애쓰는 사제처럼 도저히 다른 방법을 알지 못해서 그랬는지도 모르지요. 힘들고 외로운 순간 무엇이든 자신의 가까이에서 쉽게 찾을 수 있는 도락에 빠지듯이 책에 빠져든 것인지도 모릅니다. 그래서 저와 같은 공부를 다른 사람들에게 권하지는 못합니다. 다른 사람에게 내세울 수 없는 공부지요.

그러나 굳이 그 의미를 찾아야 한다면, 제게는 책 속으로의 여행 그 자체가 불경에서 말하는 '무애의 경지'를 향해 가는 여행이었다고 하면 어떨까요. 어디에도 걸리지 않는, 그물에 걸리지 않는 바람 같은 경지 말입니다. 달리 명상을 하지 않는 제게는 책이 나에게 들려주는 이야기에 귀를 기울이는 것이 곧 명상이 아니었나 하는 것이지요.

제가 때로는 현실을 잊기 위해, 생각하지 않기 위해 독서를 해오기도 하고, 때로는 책의 영향이 너무나 커서 삶 자체를 그에 맞춰 재단해보기도 했다고 말씀드렸습니다만, 다르게 보면 책을 읽는 것이 그 자체로 저를 닦는 것이 아니었을까 합니다. 수양의 방편으로 책 읽기를 택한 것은 아니지만 결과적으로 그리 되었다는 것이지요.

그것이 말하자면 저의 쓸모없는 공부의 쓸모라고도 할 수 있을 것 같습니다. 그러나 사실 무애의 경지란 다다르지 못하는 어떤 경지이겠지요. 그렇다면 쓸모란 말이 쓸모없는 곳일 텐데요, 저는 그럴수록 더욱 계속해서 책을 읽을 수밖에 없을 것 같습니다. 혹 보르헤스처럼 알렙을 보게 되거나 신의 글을 직관하게 된다 하더라도 그 순간 그 직관은 나와는 더이상 무관한 것이 될 것이므로, 역시 또 계속 책을 읽어나가는 수밖에 없겠지요.

묻고 답하기

공부의
시 대

Q

지식을 얻기 위한 공부보다 독서를 통한 공부를 강조하셨습니다. 그렇다면 학교 공부는 덜 중요하다고 생각하시는 것인지요. 두가지가 서로 만나는 길은 없을까요?

민주국가인 우리나라에서 학교 교육은 국민으로서 일정한 소양을 갖추도록 하고 국민 개개인의 능력을 계발하여 인간다운 삶을 살 수 있도록 한다는 목표를 가지고 있습니다. 그런 의미에서 학교 공부와 독서를 통한 공부를 구분할 수도 없고 그럴 필요도 없겠지요. 학교 공부와 독서를 통한 공부가 일치하는 것이 이상적이기도 하고요.

그러나 학교는 보편적인 인간이 사회 구성원으로서 자신의 자리를 잡아가도록 가르치는 곳이므로 인간의 개별성을 지켜나가는 교육에 비중을 두기에는 현실적인 어려움이 있습니다.

『빼앗긴 자들』에 나오는 아나레스는 연대와 상호부

조의 정신을 바탕으로 하는 오도니즘의 나라입니다. 그럼에도 아나레스에서 태어난 천재 과학자 쉐백은 어린 시절 개별성을 무시하는 교육을 받으면서 고통을 느낍니다.

한 장면을 예로 들어보겠습니다. 쉐백은 여덟살 때 '제논의 역설'을 스스로 깨치고 이를 '말하기와 듣기' 시간에 이야기하려 합니다. 하지만 교사는 쉐백 혼자서는 그걸 알 수 없고 그건 자연스럽지 않다며 쉐백을 몰아세웁니다. 그리고 말하기는 양방향의 기능인데 쉐백은 너무 자기중심적이라면서 그를 교실에서 내보냅니다. 쉐백이 너무 천재적이라 그렇다고 볼 수도 있지만, 이 장면은 사회의 평균적인 인간을 길러내는 학교 교육의 한계를 보여줍니다.

쉐백은 처음에는 관습, 도덕, 사회적 추방에 대한 두려움, 달라지는 것에 대한 두려움, 자유로워지는 것에 대한 두려움에 굴복합니다. 그러나 거듭된 좌절과 숙고 끝에 사회에 최선으로 기여하는 방법은 자신의 개인성을 지키면서 사회에서 필요로 하는 능력을 최대한 발휘하는 것이라 깨닫습니다. 아나레스가 건설한 오도니즘 사회가 오도니즘의 이상에는 모자라 보이지만 그러므로 더욱더 오도니즘의 이상을 실현하기 위한 변화를 추구해나가야 한다고 결론을 내린 것이지요. 오도니즘 사회는 영속적 혁명이며, 혁명은 생각하는 정신에서 시작되기 때문이라는 것입니다.

그렇다면 학교 교육을 무시하고 자신만의 공부를 별도로 해야 하느냐, 자신의 개성을 죽이고 학교 교육에 적응해야 하느냐는 물음은 양자택일의 문제가 아니라고 할 수 있겠습니다. 그보다는 개인의 스타일의 문제이거나, 혹은 선택도 하기 전에 이미 결정이 되어 있는 문제가 아닐까요. 미셸 뚜르니에 식의 이분법으로 말하자면, 학교 교육과 자신의 공부를 일치시켜나가는 사람과 일치시키는데 어려움을 겪는 사람으로 나눌 수 있겠지요.

그러나 학교 교육과의 일치에 어려움을 느끼는 사람이라 하더라도 결국에는 어떤 학교 공부든 자기의 삶의 일부가 되어버리는 것을 막을 수 없습니다. 학교 공부는 학교 공부대로 해나가면서도 독서를 통한 공부는 그 공부대로 쥐고 있다보면 결국에는 그 일치를 경험하게 될 것이라고 생각합니다. 쉐벡의 좌절의 경험이 결국에는 아홉 개의 '알려진 세계'를 변화시켰던 것처럼 말이지요.

Q

직업으로서의 삶과 개인적인 삶을 분리해서 살아오셨다는 이야기가 인상적이었습니다. 법관으로서 바라보는 세계와 독서가로서 바라보는 세계는 어떻게 다른가요?

법관으로서 바라보는 세계는 보편의 세계입니다. 규율, 즉 법이라는 것으로 사람들을 평등하게 묶는 것이지요. 그 평등이 산술적인 평등이어야 하느냐 아니면 각자에게 그의 몫을 주는 것이어야 하느냐는 논쟁이 있지만, 그 논쟁조차도 규율에 따라야 하는 것입니다.

법의 보편성은 칸트의 규율 개념에서 뚜렷하게 드러납니다. 흔히 정언명령이라고 불리는 것이지요. 칸트에 따르면 자유로운 인간은 보편적 법이 될 수 있을 만한 준칙을 좇아 행동하라는 한가지 명령만을 따라야 한다고 합니다. 보편적인 기준과 조화를 이루면서 다른 사람의 자유를 침해하지 않는 것이 유일한 원칙이라는 것이지요.

그러나 책 속의 세계, 특히 문학의 세계는 보편성을 좇지 못하는 사람들의 이야기가 있는 세계입니다. 누스바움에 따르면 문학은 역사나 사회과학에는 없는 혼란을 가져다줍니다. “좋은 문학은 우리에게 격렬한 감정을 불러일으키고, 불안을 야기하며, 당혹스럽게 만든다. 이는 전통적인 경건함에 대한 불신을 조장하고, 자신의 생각과 의향을 자주 맞닥뜨리게 되는 고통을 가져다준다. 우리 각각은 자신이 속한 사회의 사람들에 대해 많은 것들을 듣게 되고, 그렇게 배운 지식을 거리를 두고 바라보게 된다”(『시적 정의』 33~34면)라는 것이지요.

보편에만 매몰되어 구체적인 세계를 보지 못한다면 훌륭한 재판관이 될 수 없다는 것이 누스바움의 논지입니다. 그는 경제학에서 사용되는 비용 편익 분석과 같은 방식이 공적인 정책 결정에서도 당연한 것으로 받아들여지고 공직에 종사하는 사람들이 문학작품을 점점 더 읽지 않게 된 데 대해 우려를 표합니다. 그는 집단 혐오나 집단 억압은 개인화의 실패에 따른 결과이며, 이에 대해 문학은 "사회 평등으로 이끄는 마음의 습관을 고취시켜 집단 증오를 지탱하던 고정관념을 해체시키는 데 기여하는 것"(197면)이라고 강조합니다. 사회의 '몫 없는 자들'과 억압받는 집단에 공감하며 그들과 동일시하는 문학적 경험을 통해 그들의 눈으로 세상을 보는 법을 배우고 그 의미를 재성찰함으로써 공적 합리성을 정립해야 한다는 것이지요. 그는 이것을 '인간의 삶에 대해 소설가적 방식으로 생각하는 능력'이라고 표현합니다.

결국 법관이 바라보는 세계가 보편의 법칙에 발을 디딘 세계라면, 독서가로서 바라보는 세계는 다양성이 풍성하게 펼쳐져 있는 세계라고 할 수 있습니다. 그 두 세계 사이의 거리를 어떻게 좁힐 것인가가 재판에 임하는 법관의 중요한 고민이 되는 것이고요. 그럴 때 스티븐 브라이어 대법관의 말처럼 "문학이 이따금씩 우리(법관들)를 고층탑 밖으로 나갈 수 있게 도와주는 하나의 길"(173면)이 되기도 합니다.

Q

주로 독서 경험에 대해 말씀해주셨는데, 독서 외에 다른 공부 방법에 대해서는 어떻게 생각하시는지 궁금합니다.

사전적인 의미에서 공부란 학문이나 기술을 갈고닦는 것입니다. 그렇다면 무엇을 갈고닦을 것인가에 따라 당연히 그 방법도 달라지겠지요. 또 학문이나 기술만이 아니라 우리의 마음을 갈고닦는 일도 공부라고 한다면 그 방법은 더 다양해질 것입니다.

앙드레 지드의 예를 들어보겠습니다. 앙드레 지드는 열한살 때 아버지를 결핵으로 잃었는데, 그뒤로 엄격하고 무뚝뚝한 어머니의 과잉보호를 받으며 집 안에 갇혀 지내다시피 했습니다. 그래서 유년기와 청소년기를 내향적이고 감정을 잘 드러내지 않는 성격으로 자랐다고 하지요. 미셸 뚜르니에에 따르면, 그래서 지드는 여행을 자신에게서 벗어나기 위한 도구로 이용했다고 합니다. "한번 여행을 할 때마다 그 여행의 이미지를 닮은 작품을 하나씩 탄생시키는 여행가"(『흡혈귀의 비상』 269면)라고 할 정도로 말이지요.

지드는 1925년 아프리카의 콩고와 차드로 열달 동안의 여행을 떠납니다. 당시의 아프리카 상황으로 보면 무사히 돌아오지 못할 수도 있는 위험한 여행이었다고 하지요. 지드는 그 여행을 기록으로 자세히 남기기도 했습니다.(『앙드레 지드의 콩고 여행』, 한길헤르메스 2006)

처음 콩고로 떠날 때만 해도 앙드레 지드에게 아프리카 여행은 그저 심심풀이에 가까운 것이었던 모양입니다. 그가 탄 배의 승객들은 주로 관리와 상인이었는데, 그들이 지드에게 "당신은 뭐 하러 그곳에 가는 거요?"라고 묻자 그는 "그저 알기 위해서지요"라고 답합니다.

그러나 여행을 계속하면서 식민지의 행정관이나 산림회사 등의 비인간적인 행태를 목도한 앙드레 지드는 더 이상 가만히 여행이나 즐길 수가 없게 됩니다. 지드는 이렇게 쓰고 있습니다.

> 어떤 운명의 여신이 나를 이렇게 아프리카로 떠밀었는지? 도대체 나는 무엇을 추구하기 위해 여기에 왔는지? 나는 조용히 살아왔다. 그렇지만 이제 나는 알게 되었다. 그러니 말을 해야 한다. (…) 지금까지 나는 거짓 도로 표지판들을 믿고 돌아다녔던 것 같다. 나는 이제 그것이 아무리 끔찍한 것일지언정 숨겨진 것을 알아내기 위해 무대 뒤편으로 파고들리라. 내가 의심하고 내가 보고 싶은 것은, 바로 그 '끔찍한 것'이기 때문이다.(『앙드레 지드의 콩고 여행』 145~46면)

지드는 여행을 마친 후 자신이 아프리카에서 본 것들을 폭로하고 고발해 식민지 장관으로부터 응분의 조치를 취하겠다는 약속을 받아내기까지 했다고 합니다. 여행을 통해 자신의 삶을 다른 것으로 바꾸어낸 것이지요. 미셸 뚜르니에는 지드의 어머니가 에너지와 용기, 무사무욕의 정신 같은 자신의 미덕을 자신과 지드의 인생을 황폐하게 만드는 데 이용했던 것과 달리, 지드 자신은 여행을 통해 어머니로부터 물려받은 그 미덕들을 '풍요의 잔'으로 바꾸어놓을 수 있었다고 말합니다.

요즘은 여행이 하나의 '스타일'이 되어버렸습니다. 홈쇼핑에서조차 세계 곳곳의 유명 여행지들의 영상을 보여주면서 여행 상품을 팔고 있지요. 너무나 아름다운 그 풍광을 보고 있노라면 이미 그곳으로 여행을 하고 돌아온 것 같은 느낌이 들 지경입니다.

여행 상품이 소개하는 곳을 그들이 알려주는 방법으로 여행하고 있는 우리는 이국의 풍경을 단순히 이미지로서만 소비하는 것은 아닐까 의문이 들기도 합니다. 그러나 앙드레 지드는 달랐지요. 그는 처음에는 자신에게서 달아나기 위해 여행을 떠났지만, 그 여행에서 단순한 구경꾼으로 남지 않고 여행지의 삶 속으로 한껏 뛰어듦으로써 자신의 삶을 바꾸었습니다. 그것 또한 커다란 공부이겠지요.

독서를 통해서든, 여행을 통해서든, 또는 명상을 통해서든 공부는 어떤 방법으로도 할 수 있겠지요. 마치 화두를 놓고 하는 간화선(看話禪)이 있고 묵묵히 좌선하는 묵조선(默照禪)이 있듯이, 돈오(頓悟)가 있고 점수(漸修)가 있듯이, 그 방법에 차이가 있을 수는 있겠지만 그것은 단지 공부를 하는 사람마다 방편이 다른 데 불과한 것이 아닐까요. 혹은 자신도 모르게 어떤 길에 들어서버린 후에야 뒤늦게 깨닫게 되는 어떤 것은 아닐까요.

Q

대법관 재직 당시에 '소수자의 대법관'으로 불리셨습니다.
소수자의 권리를 옹호하는 신념은 공부를 통해 얻으신 것인지,
아니면 다른 계기가 있었는지 궁금합니다.

이 질문에 대한 답도 역시 책으로 설명해보겠습니다. 『빼앗긴 자들』에서 우라스에 도착하자마자 혼란스러운 파티를 겪은 쉐벡은 다음날 우라스 사람들과 이런 대화를 나눕니다.

"여자들은 어디 있나요?"

(…)

"어떤 의미에서 말입니까?"

"모든 의미에서요. 어젯밤 파티에서 여자는 다섯 명인가 열명밖에 못 만났어요. 남자는 몇백명이나 있었는데 말이오. 과학자는 아니었던 것 같은데, 그 여자들은 누구였지요?"

"아내들이죠. 실은 그중에 제 아내도 있었습니다."

(…)

"그럼 여기 과학자들은 전부 다 남자인가요?"

(…)

"과학자라고요. 아, 네. 틀림없이 모두 남자입니다. 여학교에는 여선생도 몇 사람 있지요, 물론. 하지만 그들은 수료증 수준을 통과하지 못해요."

"왜 못하오?"

"수학을 못하니까요. 추상적인 생각을 할 머리들이 없는걸요. 그렇게 타고나질 않았어요."(『빼앗긴 자들』 108~109면)

쉐벡이 아나레스에는 여자 과학자들이 절반가량 된다고 하자 그들이 보인 반응은 이랬습니다. "여자 기술자들이 실험 사용량 같은 것은 잘 다룰 수 있다니까. 사실 반복적인 일에서는 남자들보다 더 능숙하고 빠르다고. 게다가 더 고분고분하고, 쉬 지루해하지도 않고 말이야. 여자들을 쓴다면 남자들은 더 빨리 자유롭게 창조적인 일을 할 수 있을 거야."(109면)

쉐벡은 또 우라스에서 알게 된 상류층 여성에게 "우라스 여자들은 항상 열등하다는 사실에 만족하나요?"라고 묻습니다. 그러나 그 여성은 질문을 이해하지 못합니다. 쉐벡이 다시 왜 우라스에서는 남자들이 산업, 예술, 관리, 정부, 결정 등 모든 것을 도맡아 하는지, 여자들이 왜 좋아하는 일을 하지 않는지 묻지만, 돌아오는 답은 이렇습니다. "하지만 우린 좋아하는 일을 하는걸요. (…) 그러기 위해 손을 더럽히거나, 구리 헬멧을 쓰거나, 이사회에서서 소리를 질러댈 필요도 없는 거죠. (…) 남자들을 부리는 거죠!" 쉐벡은 그것이 자신을 물건으로 여기는 것과 같다고 비판하지만, 오히려 그 여성은 쉐벡과 아나레스의 삶이 '이론을 짊어진 불쌍한 삶'이라고 동정합니다.(297~99면)

요점은 이것입니다. 저는 1970년대에 대학을 다녔고 1981년부터 판사로 일했지만, 초기에는 함께 일하려는 '남자' 판사도 드물었고 '남자' 직원도 드물었습니다. 판사이지만 그냥 '판사'가 아니라 '여자' 판사였기 때문이지요. '여자' 판사는 종종 출산휴가를 한달도 채우지 못한 채 재판장의 전화를 받고 출근해야 했고, 사무실에서 반말 전화를 받기도 했고(그때마다 항의를 했지만 사과를 받은 일은 거의 없습니다), 때로는 법정에서 재판 진행권을 침해당하기도 했습니다. 판사인데도 그랬으니 다른 직종에서는 얼마나 더 심한 일들이 벌어졌을지 뻔하죠. 여성의 비율이 늘어나는 직종의 사회적 평가는 급속도로 낮아질 것이므로 판사라는 직종도 머지않아 인기 없고 존경받지 못하는 직종이 될 것이 틀림없다는 말을 여자 판사들 면전에서 하는 남자 판사들도 많았습니다. 자신들에게는 그것이 경험적 진리이니 반박할 수 없을 거라는 믿음이 있었기 때문이었겠지요.

여성으로서의 삶 자체가 소수자로서의 삶이었던 시

대(지금은 다른가요?)를 살아왔던 제게 소수자의 권리를 옹호해야 한다는 것은 따로 계기가 필요하거나 배워야 할 필요가 없는, 마치 평상복처럼 자연스러울 수밖에 없는 것이었습니다.

Q

**많은 사람들이 법을 어려워하고 거리감을 느낍니다.
법의 세계에 대해 이해하려는 사람에게
추천하고 싶은 책이 있으면 소개해주세요.**

많은 책들 속에 법의 세계를 이해하는 단서가 숨어 있습니다. 예를 들어 『돈 끼호떼』 『동물농장』 『파리 대왕』 『미하엘 콜하스』 같은 소설이나 찰스 디킨스가 쓴 많은 소설들, 이를테면 『황폐한 집』 같은 소설이 법의 세계를 들여다볼 수 있는 주제나 소재를 다루고 있습니다. 저도 최근에 이런 책들을 예로 들어서 법을 설명하는 책을 쓰기도 했습니다.

그러나 법 자체를 다룬 책들 중에서 고르라면 추천하기가 쉽지 않습니다. 딱 한권을 제외하고 말입니다. 알비 삭스(Albie Sachs)라는 남아프리카공화국 헌법재판소 초대 재판관을 지낸 분이 쓰신 『블루 드레스』(일월서각 2012)라는 책입니다.

원제는 '법과 삶의 기묘한 연금술'(The Strange Alchemy of Life and Law)인데, 그 제목에 얽힌 일화가 있습니다. 책의 편집자가 미국에서 남아프리카공화국 법의 기술적인 문제를 다룬 글에 관심을 보일 만한 출판사를 찾기가 어렵다고 하자, 그는 전세계 모든 판사가 판결을 내리는 방식에 영향을 미치는 공통적인 요소가 무엇일지 탐색하다가 문득 '기묘한 연금술'이라는 단어를 떠올리게 되었다고 합니다. 그 덕분에 원고가 완전히 새롭게 거듭나게 되었다고 하지요.

그는 '삶의 경험이 법적 의사결정에 어떻게 영향을 미치는가?'라는 자문으로 책을 시작하면서, 결국 판결에 영향을 미치는 많은 과정들이 현실적으로 정의하기 어려운 수수께끼 같은 방식으로 이루어졌다는 것을 분명히 인정하게 되었다고 합니다. 그것이 곧 연금술과도 같은 과정이었다는 것이지요.

나아가 그는 법적 판단이란 사건을 논리적인 명제로

포섭하는 것이 아니라, 무작위로 찾아오는 직관적 요소와 감정적 요소들이 공식적 논리와 뒤섞여 있는 것이라고 고백합니다. 심지어는 열띤 토론과 혼란의 과정을 거쳐 나온 판결문이 결국은 그 판결 자체에 대해 거짓말을 하고 있다고 쓰기까지 합니다. 그 때문에 원고를 미리 읽어본 영국의 여성 대법관 브렌다 헤일로부터 표현의 수위를 낮추는 게 좋겠다는 제안을 받기도 했다고 합니다.

그는 아파르트헤이트하의 조국 남아프리카공화국에서 인권변호사로 활동하다 거듭된 수감과 고문 끝에 국외로 추방되었고, 모잠비끄 대학에서 강의하던 중 조국에서 보낸 보안요원이 자동차에 설치한 폭탄에 의해 한쪽 팔과 한쪽 눈을 잃었습니다. 그러나 그는 자신에게 가해진 폭력을 그대로 되갚는 대신 '관대한 복수'의 길을 택합니다.

그런 그의 정신은 만델라 정부 출범 이후 남아프리카공화국 진실화해위원회의 원칙을 수립하고 운영하는 데 결정적인 지도이념이 되었습니다. 즉, 가해자에게 무조건적인 사면이 주어져서는 안 되지만 그가 진실화해위원회에 나와 과거에 저질렀던 잘못된 행위를 인정한다면 그 인정 정도에 따라 사면하거나 기소하거나를 정하도록 한 것이지요. 그것은 반정부 인사들에 의하여 저질러진 테러에 대해서도 똑같이 적용된 원칙이었습니다. 실제로 그의 자동차에 폭탄을 설치한 군인도 진실화해위원회에 나가 진실을 고백하고 사면을 받았다고 합니다.

이 책은 그가 한 판결들의 배경과 의미를 설명하고 판결문의 일부분을 소개하는 방식으로 구성되어 있습니다. 사실 읽으면서 한줄 한줄 모두 밑줄을 긋고 싶었을 정도로 재미있고 따뜻하면서도 지혜가 번득이는 책인데, 제가 소개하자니 너무 딱딱해지는군요. 직접 읽어보는 것만이 이 책이 들려주는 많은 이야기에 감동적으로 빠져들 수 있는 유일한 방법입니다. 요약이 의미가 없는 책이지요. 그야말로 그가 살아온 삶과 그의 판결이 연금술에 의해 화학작용을 일으켜 어느 연금술사도 만들어내지 못한 황금이 된 것이라고 할 수밖에 없습니다.

Q

법관으로서 바쁘게 일하시면서도 많은 책을 읽어오셨는데,
책을 많이 읽기 위한 비법이 따로 있을까요?

이 질문을 접한 순간 비교적 최근에 읽은 일본의 소설가 오오에 켄자부로오(大江健三郎)의 글 「사람에게는 몇권의 책이 필요할까」가 떠오르는군요. 『말의 정의』(뮤진트리 2014)라는 책에 있는 글입니다.

오오에 켄자부로오는 중학교 시절 사회과 선생님이 『똘스또이 일기초』에 '사람에게는 몇권의 책이 필요한가'라는 글이 있다고 한 이야기를 듣고 자신에게 몇권의 책이 필요한지 알고 싶어 선생님께 그 책을 빌려서 매일 조금씩 읽었다고 합니다. 당시의 이해력으로는 너무나 지루해 하루에 몇 페이지씩밖에 읽지 못해서 친구들에게 비웃음을 사기도 했다는군요. 그런데 그 책에는 그런 내용이 나오지 않았나봅니다. 선생님이 「사람에게는 얼마만큼의 토지가 필요한가」라는 똘스또이의 우화와 헷갈렸는지 모르겠다고 하고 있으니까요.

사실 오오에 켄자부로오만큼 자신의 책 읽기에 대한 글을 많이 쓴 작가도 드물지요. 『말의 정의』는 그가 『아사히신문』 문화면에 오랫동안 연재한 글을 묶은 책인데, 그 책에 실린 글의 제목만 훑어보아도 책 읽기에 대한 내용이 많은 것을 알 수 있습니다. '다시 읽는 것은 전신운동이 된다' '말의 정의를 확인하고 다시 읽는다' '천천히 꼼꼼하게 읽는다'…… 최근에는 아예 『읽는 인간』이라는 책까지 나왔지요.

「천천히 꼼꼼하게 읽는다」라는 글에도 그의 독서 방법이 소개되어 있습니다. 그는 중학교 시절 선생님께 읽을 책이 없다고 호소했다가 그것이 '앞으로 고꾸라질 만큼 급히 읽기 때문'이라는 타박만 받았던 사실을 잊지 못한다고 합니다. 그래서 자신에게는 책을 천천히 읽을 힘, 즉 인내력과 주의력이 없다는 생각에 사로잡히기도 했다는군요. 그래도 당장 버릇을 고치지는 못했고, 색연필로 줄을 긋고 검은 연필로 메모하면서 읽어나가고, 시간을 두었다가 다시 읽는 습관을 몸에 익힌 것은 사십대가 되고 나서라고 합니다.

그의 다른 책 『'새로운 사람'에게』(까치 2004)에 실린 「책을 천천히 읽는 법」도 천천히 읽기의 중요성에 대해서 말하고 있습니다. 앞서 말한 것처럼 그는 어렸을 때 책을 빨리 읽어버리는 아이였는데, 언젠가 어머니에게 읽은 책의 내용에 대한 질문을 받고 대답을 못 한 뒤부터 책은 천천히 읽어야 한다는 것을 깨달았다는군요. 그래서 천천히 읽는 책이랍시고 앞서 말한 똘스또이의 책을 늘 가지고 다니다가 반에서 힘이 제일 센 친구에게 책을 빼앗기고 '아직도 여기를 읽고 있나!' 하고 놀림을 받기도 했던 거지요.

그는 책을 천천히 읽기 위한 훈련은 진정으로 읽고 싶은 책이 천천히 읽어야만 내용을 파악할 수 있는 것일 때 필요해진다고 합니다. 어려운 책이지만 자신이 꼭 읽어야겠다고 느낀다면 짧은 시간이라도 매일 읽어서 조금씩 진전시켜나갈 수 있다고 하지요. 그는 '책을 천천히 읽는 힘'이야말로 어렸을 때 익혀두어야 한다는 점을 강조하고 있습니다.

저도 오오에 켄자부로오처럼 책을 몹시 빨리 읽는 편입니다. 그리고 책장을 덮는 순간 읽은 내용이 머리에서 썰물처럼 빠져나가버립니다. 그럴 거면 무엇하러 책을 읽느냐는 지청구도 들었지만, '뭐, 써먹으려고 하는 독서는 아니니까' 하는 식으로 합리화를 하고 넘어가버리곤 했습니다.

오오에 켄자부로오처럼 사십대에도 그 버릇을 못 고치다가 어느날 도저히 이대로는 안 되겠다 싶어서 조금씩 메모를 해보려고 노력하게 되었습니다. 처음에는 노트에 따로 메모를 하다가 책의 속표지에 짧게 메모하기도 했지요. 꼭 읽고 싶은데 내용이 너무 어렵거나 복잡한 책은 장별로 요지를 기록해서 컴퓨터에 저장해두기도 합니다. 그러면 다시 읽거나 찾아볼 때 무척 도움이 됩니다.

요컨대 많이 읽기 위한 비법은 없는 듯합니다. 다만 잘 읽기 위한 비법은 '천천히 읽기'라는 것이지요.

Q

세상에 있는 수많은 책 중에서 '영혼을 뒤흔드는 책', 또는 자신에게 맞는 책을 어떻게 하면 찾을 수 있을까요?

다시 오오에 켄자부로오의 글을 빌려봅니다. 오오에 켄자부로오는 『새로운 사람에게』에 실린 「젊은이가 알고 있다면! 나이 든 사람이 행동할 수 있다면!」이라는 글에서 자신의 독서에 대해서 이렇게 말하고 있습니다.

> 책을 한권 읽습니다. 재미있으면 그 저자가 쓴 책들을 하나하나 읽어나갑니다. 그러는 동안 내가 매력을 느끼는 분야에서—예를 들면 프랑스 소설가의—다음에 읽고 싶은 책을 발견하게 됩니다. 그렇게 해서 다음, 다음으로 읽어나가면, 종착역은 아니어도 언제고 도착 지점은 다가옵니다.(138면)

이 글에서 그는 앞서 말한 어머니와의 일화에 대해서도 자세히 소개하고 있습니다. 어렸을 때 그가 공민관에 있는 책을 다 읽어치우고는 이제 마을에는 읽을 책이 없다고 하자 어머니는 그를 공민관으로 데리고 가서 책꽂이에서 책을 하나하나 꺼내서는 그 책에 뭐라고 쓰여 있느냐고 물었다고 합니다. 그리고 그가 변변한 대답을 하지 못하자 '너는 잊어버리려고 책을 읽었느냐?' 하고 나무랐다고 합니다. 그때부터 그는 책을 한권 읽을 때마다 공책이나 카드에 무엇을 읽었는지 적는 습관을 들였다고 하지요.

잊어버리려고 책을 읽었느냐는 어머니의 말씀을 읽는 순간, 마치 제가 직접 오오에 켄자부로오의 어머니로부터 야단을 맞고 있는 것 같은 느낌이 들었습니다. 그는 그것이 비참한 경험이었지만 자신의 독서 방법을 바꾸는 계기가 되었다고 고백하고 있습니다.

또 그는 스승이었던 불문학자 와따나베 카즈오(渡邊一夫) 교수의 가르침도 소개하고 있습니다. 그는 소설을 쓰려는 젊은 날의 오오에 켄자부로오에게 책을 읽는 방법에 대해 이렇게 조언해주었다고 합니다. "소설을 쓰는 것만으로는 지루할 테니, 어느 작가, 시인, 사상가든 정해서, 그 사람의 책 그리고 그 사람에 대한 연구서를 3년 동안 읽어나가도록 하게. (…) 자네는 소설가가 될 것이니, 전문 연구자가 될 필요는 없네. 4년째에는 새로운 주제를 정해 나아가도록 하게."(140~41면) 오오에 켄자부로오는 그 가르침에 따라 직감에 의지하거나 전문가 친구의 도움을 청하거나 하여 고른 주제를 삼년 동안 공부하는 방식으로 단테, 예이츠, 블레이크, 『돈 끼호떼』 등을 계속해서 읽어나갔다고 합니다. 명실공히 '읽는 인간'으로 살아온 것이지요.

저는 오오에 켄자부로오처럼 한 주제를 일정 기간 파고든다든지 하는 독서를 해오지는 않았습니다. 다만 신문이나 다른 사람의 글에서 소개한 책이 마음에 들면 일단 읽어보고 그다음 그 작가의 다른 책을 계속 구해서 읽는 식으로 책을 선택해왔습니다. 그러면 그 책이 다시 다른 책을 읽게 하고, 그 책이 다시 다른 책을 읽게 해 끊임없이 읽게 되었습니다.

한때 너무 산만한 독서를 하는 것이 아닌가 반성하면서 일정한 주제를 정해놓고 책을 읽을까도 생각해본 적이 있습니다. 하지만 대형서점에 놓인 다양한 신간 서적들을 보는 순간 그런 생각은 금세 사라져버렸지요.

별다른 왕도는 없는 것 같습니다. 결국 계속 읽다보면 자신에게 맞는 책을 찾아내게 되는 것이 아닐까요.

Q

**어렸을 때의 독서 습관이 중요하다고 말씀해주셨는데,
자녀를 자연스럽게 책으로 이끌 방법은 없을까요?**

오오에 겐자부로오는 『말의 정의』에 실린 「21세기 일본에 '덕'은 있는가」라는 글에서 자신의 가계에 대해 이야기하고 있습니다.

오오에 겐자부로오의 증조할아버지는 오오사까에 상경해 일을 하면서 작은 사설학교에서 공부를 했고, 메이지유신 후 고향으로 돌아가 아이들을 가르쳤다고 합니다. 오오사까에는 1724년 상인들이 사재를 털어서 세운 교육기관인 카이또꾸도오(懷德堂)가 있어서 빈부와 귀천을 가리지 않고 누구에게나 평등한 교육을 제공했다고 합니다. 그 전통이 지금의 오오사까 대학 문학부로 이어졌다고 하지요. 오오에 겐자부로오의 증조할아버지가 그 카이또꾸

도오가 존속하던 마지막 시기에 오오사까에 살면서 교육을 받았으니 그 정신의 세례를 조금이나마 받을 수 있었겠다고 짐작해봅니다.

그러나 오오에 켄자부로오의 아버지는 할아버지를 이을 능력도 기력도 없어 배우지 못했다며 한탄했다고 합니다. 그런 아버지조차 오오에 켄자부로오가 일곱살 되던 해에 세상을 떠났고, 그를 독서의 길로 들어서게 한 사람은 그의 어머니였다고 하는군요. 초등학교 5, 6학년 때 어머니가 『닐스의 신기한 여행』과 『허클베리 핀의 모험』을 선물했고, 중학교 입학 기념으로는 『루쉰 전집』을 선물했다고 합니다. 시골에서 교육도 받지 못한 어머니가 어떻게 그런 책을 가지고 있었는지는 아마도 어머니의 개인적인 이유일 거라고 오오에 켄자부로오는 짐작하지요.

시골에서 자랐지만 2차 세계대전이 없었다면 비교적 유복하게 살았을 오오에 켄자부로오에 비해 프랑스의 소설가 알베르 까뮈는 몹시 어려운 환경에서 자랐습니다. 그의 아버지가 1차 세계대전에 참전했다가 전사한 뒤 청

각장애가 있는 어머니가 남의 집안일을 해가며 그를 키웠다고 하니까요.

까뮈의 은사였던 장 그르니에(Jean Grenier)의 책 『카뮈를 추억하며』(민음사 1997)에 까뮈의 책 읽기에 관한 일화가 나옵니다. 청소년 시절 까뮈는 푸줏간을 하는 삼촌의 집에서 몇년 동안 지냈는데, 삼촌의 독특한 취향 덕에 그때 아나똘 프랑스의 전집과 제임스 조이스의 『율리시스』를 읽었다고 합니다. 삼촌이 젊었던 시절에는 아나똘 프랑스가 '세상에서 가장 완벽한 작가'로 통했지만 까뮈가 그를 읽은 것은 아나똘 프랑스가 거의 읽히지 않던 시절인데, 그의 전집이 까뮈의 지적 양식이 되었다는 것은 문학사의 예사롭지 않은 역설이라고 장 그르니에는 말합니다.

위대한 작가가 된 사람들 중에는 물론 집에 어마어마한 장서가 구비되어 있었거나 책을 즐겨 읽는 부모님이 계셨던 경우도 있지만 오오에 켄자부로오나 알베르 까뮈는 그런 사례로는 보이지 않습니다. 그저 가까이에 책이 있고, 책을 소중하게 여기는 사람이 있고, 원한다면 책을 읽는 것을 막지 않는 어른들이 있는 정도면 충분히 책에 빠져드는 조건이 되는 것이지요.

제 경우에도 어렸을 때 집에 적당한 정도의 책이 있었고 책을 읽고 있으면 방해하지 않는 가족이 있었을 뿐입니다. 책을 읽으라고 강요하거나, 어려운 책을 읽는 아이를 지나치게 칭찬하거나, 억지로 독후감을 쓰게 하는 등의 과도한 노력은 오히려 아이들이 독서하는 습관을 들이는 데 방해가 될 뿐입니다.

Q

최근에는 어떤 책을 읽고
어떤 공부를 하고 계시나요?

여전히 쓸모없는 책 읽기를 하고 있습니다. 복잡한 사회과학 서적은 요약을 해가면서 읽거나 읽은 후에 간단히 정리해두기도 하지만, 대부분의 책은 여전히 읽고 나면 머리에서 빠져나가는 대로 그냥 방치해두고 있습니다. 오오에 켄자부로오처럼 하나의 주제 또는 한 작가나 사상가를 삼년씩 공부한다는 식의 생각은 해보지도 못했고, 읽은 책들을 가지고 무엇인가를 만들어내야겠다는 마음을 먹은 적도 없습니다.

최근 몇년간 읽은 책 가운데 가장 마음을 흔든 책은 에드워드 싸이드(Edward Said)의 『말년의 양식에 관하여』(마티 2008)입니다. 위대한 예술가들이 삶의 막바지에 이르

렀을 때 그들의 작품과 사상이 어떻게 새로운 양식을 얻게 되는가 하는 문제에 대한 답을 찾아가는 책입니다.

에드워드 싸이드는 예술가들이 경력의 말년에 이르러 특별한 성숙의 기운, 화해와 평온의 기운을 드러내는 경우가 있다고 하면서 셰익스피어의 『템페스트』나 『겨울 이야기』, 소포클레스의 『콜로누스의 오이디푸스』, 베르디의 「오텔로」「팔스타프」 등을 예로 듭니다.

그러나 반대로 조화와 해결이 아니라 비타협, 난국, 풀리지 않는 모순을 드러내는 경우도 있다고 합니다. 예를 들어 입센의 말년의 작품, 특히 『우리 죽은 자들이 깨어날 때』는 분노와 불안에 찬 예술가 상을 나타내고, 베토벤의 말년의 작품들은 아도르노가 말한 것처럼 세계로부터의 망명, 파국, 단편성, 부재, 침묵 등으로 찢긴 음악이라는 것입니다.

아도르노에 따르면 화해 불가능성, 부정, 부동성을 그 본질로 하는 베토벤의 말년의 양식은 결국 쇤베르크의 새로운 음악으로 이어진다고 합니다. 이에 대해 싸이드는 아도르노 자신이 금욕적인 평온함이나 향기로운 원숙함에 절대 굴복하지 않는 유럽 문화인의 말년의 양식을 보여준다고 평가하지요.

그밖에도 에드워드 싸이드는 토마스 만, 비스꼰띠, 모차르트, 글렌 굴드, 장 주네, 리하르트 슈트라우스 등 많은 예술가들을 언급하며 그들 특유의 말년성을 분석하고 증명해냅니다. 이를 통해 말년의 양식의 특징으로 "깨달음과 즐거움 간의 모순을 해결하지 않고 둘 모두를 그대로 드러내는 힘"을 들면서, "반대 방향으로 팽팽하게 맞서는 두 힘을 긴장 속에 묶어둘 수 있는 것은, 오만한 태도를 버리고 오류 가능성을 부끄러워하지 않으며 노년과 망명으로 인해 신중한 확신을 얻은 예술가가 가진 성숙한 주체성"(211면)이라고 덧붙입니다.

말년의 양식은 모든 예술가들에게서 나타나는 것은 아닙니다. 오직 자신의 뛰어남이 사그라지는 것을 인식하고 약해져가는 모든 감각과 기억을 동원해 죽음과 마주하는 이에게만 나타나는 것이라고 하지요. 그때 죽음은 명확한 박자가 아닌 굴절된 양태로, 아이러니로 찾아온다고 합니다. 그러므로 "말년의 양식은 현재 속에 거주하지만 묘하게 현재에서 벗어나 있다"(50면)는 것이지요.

에드워드 싸이드가 미완성으로 남겨놓은 이 책의 원고를 편집하고 서문을 쓴 마이클 우드는 화해하지 않은 관계의 진실에 강한 애착을 보였던 싸이드의 태도에서 그의 말년의 양식을 찾을 수 있다고 합니다.

삼십년 남짓한 공직 생활에서 떠난 지금 저의 말년의 양식이 어떤 것이 되어야 할지는 제게도 당면한 과제입니다. 아직은 젊기도 하고, 감히 대가들에게 비할 수는 없겠지만, 저 나름의 '노년과 망명으로 인한 신중한 확신'을 어떻게 얻을 것인지 계속 질문해보게 됩니다. 오직 읽고 생각하는 것 외에 다른 방법이 제게 남아 있지는 않겠지요.

공부의 시대

김영란의 책 읽기의 쓸모

초판 1쇄 발행/2016년 7월 15일
초판 6쇄 발행/2020년 5월 28일

지은이/김영란
펴낸이/강일우
책임편집/최지수 이상술
조판/황숙화
펴낸곳/(주)창비
등록/1986년 8월 5일 제85호
주소/10881 경기도 파주시 회동길 184
전화/031-955-3333
팩시밀리/영업 031-955-3399 편집 031-955-3400
홈페이지/www.changbi.com
전자우편/nonfic@changbi.com

ISBN 978-89-364-7296-2 04300
978-89-364-7964-0 (세트)

* 책값은 뒤표지에 표시되어 있습니다.